제임스 몽고메리 보이스의

# 성탄절 메시지

제임스 몽고메리 보이스  지음

심 성 민  옮김

개혁주의신학사

Presbyterian and Reformed Publishing

**P&R**(Presbyterian and Reformed Publishing Company)은
미국 뉴저지 주에 소재한 기독교 출판사로서
웨스트민스터 신앙고백서와 요리문답에 기초하여
성경적인 이해와 경건한 삶을 증진시키는
탁월한 도서들을 출판하고 있습니다.
P&R Korea(개혁주의신학사)는
CLC가 공동으로 운영하는 출판사로서
미국 P&R의 도서를 우선적으로 번역출판하고 있습니다.

# The Christ of Christmas

*Written by*
James Montgomery Boice

*Translated by*
Sung-Min Sim

Copyright © 2009 by James Montgomery Boice
Originally published in English under the title as
*The Christ of Christmas*
by P&R Publishing Company
Translated and used by the permission of
P&R Publishing Company, P. O. Box 817, Phillipsburg,
New Jersey 08865-0817, U.S.A

All rights reserved

Korean Edition
Copyright © 2013 by Presbyterian and Reformed Publishing Company
Seoul, Korea

## 추천사

진재혁 박사
지구촌교회 담임목사

    오늘을 살아가는 우리들에게 성탄절은 더 이상 기념일이 되지 못하고 상술에 묻혀 잊혀져가는 성일이 되고 말았다. 과거 새벽송을 돌며 경건한 마음으로 성탄절을 맞이하던 열정은 아련한 추억이 되었다. 이제 우리는 첫 번째 성탄절의 의미를 되새겨 보아야 할 것이다.

    제임스 몽고메리 보이스 목사의 성탄절 메시지는 나의 마음을 설레게 한다. 성탄절마다 예수님의 놀라운 메시지를 선포함에 너무나도 부족함을 느낀 나에게 이 책은 사막의 오아시스와 같은 신선함과 풍성함을 더해주었다.

    제임스 몽고메리 보이스 목사의 성탄절 메시지는 이번 성탄절을 맞이하는 주의 모든 성도들에게 드릴 수 있는 최고의 선물이 될 것이다.

## 추천사

이희성 박사
총신대학교 구약학 교수

　매년 돌아오는 성탄절은 온 교회와 인류에게 기쁨과 소망을 가져다주는 대축제일이 아닐 수 없다. 지구상의 온 교회는 여러 가지 축하 행사와 기념 예배로 이 날을 맞이하고 있다. 하지만 성탄절의 기쁨과 더불어 한편으로 목회자들에게 부담으로 다가오는 부분이 있다.

　그것은 바로 성탄절 설교이다. 성탄절 설교의 어려운 점은 한정된 본문을 가지고 매년 다양한 내용을 준비해야 한다는 것이다. 매년 행해지는 설교는 이미 성도들에게 익숙함을 넘어 진부한 내용으로 들리기 쉽기 때문이다. 하지만 이러한 설교자의 부담을 덜어줄 좋은 성탄절 설교가 이 책에 담겨져 있다. 이 책은 1969년부터 1982년까지 매 성탄절마다 제10장로교회에서 제임스 몽고메리 보이스 목사가 설교한 내용을 담고 있다.

그의 성탄절 설교는 다음과 같은 유익한 점이 있다.

첫째, 그는 견실한 성경해석을 기반으로 구약과 신약을 오고가면서 예수님의 탄생의 의미를 효과적으로 풀어가고 있다. 그의 성탄절 설교는 구약과 신약을 통전적 안목으로 바라보면서 예수님 안에 계시된 하나님의 구속사적 의미를 쉽게 풀어가고 있다. 특히 그는 성경원문으로부터 발견한 통찰과 여러 문법적 지식들을 효과적으로 적용하며 사용하고 있다. 성경적으로 견실한 주해를 바탕으로 하는 그의 설교는 신학적으로도 결코 손색이 없다.

둘째, 그는 적절한 예화들을 통해 설교를 듣는 청중들에게 설득력 있게 다가가고 있다. 성경과 신학에 대한 통찰력 없이 사변적이고 진부한 성탄절 설교가 넘쳐나는 오늘날 교회에 그의 설교는 신선한 도전이자 보완책이다.

아무쪼록 모든 설교자들이 그의 귀한 설교를 통해 성경적이고, 신학적이며, 목회적인 설교를 배워가기를 바란다.

# 서언

린다 M. 보이스(Linda M. Boice)
저자 보이스 목사의 아내

내 남편은 성탄절을 사랑했다. 그는 성탄절 절기에 관한 모든 것을 사랑했다. 그에게 있어서 성탄절을 기념하는 것은 모든 그리스도인들이 그리스도가 우리의 구세주가 되시기 위하여 세상에 오신 것을 기억하면서 느껴야 하는 기쁨의 표현이었다.

그는 성탄절의 모든 전통을 사랑했다. 그래서 제10장로교회의 가족들과 도시 중심가에 있는 이웃을 위해 새벽송을 돌았고 주일학교 아이들이 준비한 프로그램을 적극적으로 지원했다. 그가 상업주의에 대하여 불만을 가지고 있었는지는 기억할 수 없지만 사실상 그가 일 년 중 쇼핑을 하는 유일한 때는 바로 이때였다. 디킨스 소설에 나오는 스크루지의 성격과 정반대인 사람이 바로 내 남편이었다.

그는 매년 가정과 교회에서 성탄절을 준비하는데 심혈을 기울였다. 그와 세 딸들은 성탄절 나무를 골라 낡은 목사관을 장식한 후에 필라델피아 도심에 위치한 조그마한 우리 집을 장식하였다. 그는 교회 예배당의 강단 한쪽을 채울 커다란 상록수 혹은 전나무가 도착하는 것을 좋아했다. 그 나무에는 꼭대기의 흰색 또는 붉은색 새를 제외하고는 아무런 장식도 없었다.

우리 두 사람에게 있어서 가장 중요한 것은 제10장로교회에서의 성탄절 전날 밤의 예배였다.

우리가 1968년에 그 교회에 부임했을 때에는 성탄절과 관련된 예배가 전혀 없었다. 그러나 우리가 부임하고 1-2년 후에 한 영국인 친구가 남편의 비서로 왔는데 그는 제10장로교회가 12월 24일 혹은 25일에 예수님의 탄생을 기념하지 않는 것에 매우 당혹스러워했다.

그는 이 사실을 심각하게 고려하였고 결국 자녀가 있는 가족을 위해 초저녁에 예배를 드리기로 결심했다. 당회의 승인하에 예배에는 촛불, 신중하게 선별된 성가대 찬양, 관련된 신구약 성경구절 읽기 그리고 전 성도들이 캐럴송을 함께 부르기 등이 포함되었다. 매년 거듭될수록 이 예배는 점차 규모가 커졌으며 지금은 교인들과 주민들이 예배당을 가득 메우게 되었다.

그는 찬송과 특별찬양, 메시지를 통해 성도들이 성탄절 이야기에 담긴 영광을 더 잘 이해하도록 많은 노력을 기울였다.

특히 구태의연하고 뻔한 주제의 반복이 아닌 통찰력이 넘치는 힘있는 설교를 준비하는 데 많은 노력을 기울였다. 이 책의 각 장들이 담고 있는 내용들은 이와 같은 열정적인 노력과 간절한 기도로 만들어진 것이다.

그가 성탄절에 양말을 걸어놓기 전에 뜨거운 초콜릿을 마시며 가족 모두와 누가복음 2장의 놀라운 탄생 기록을 읽는 것을 좋아했던 것은 하나님이 자신의 아들을 임마누엘 구세주로 세상 가운데 보내신 것에 대한 기쁨과 감사의 표현이었다. 천사들이 예수님의 탄생을 기뻐하였듯이, 남편은 우리도 "하나님의 말할 수 없는 선물"을 기뻐하고 기념해야 한다고 생각한다.

## 저자 서문

제임스 몽고메리 보이스(James Montgomery Boice) 목사
필라델피아 제10장로교회 담임목사 역임

오랜 세월 동안 한 지역교회의 일상적인 예배에서 설교하는 목사로서 반복적으로 오는 성탄절 마다 다양한 방식으로 성탄절 이야기를 탐구하는 것은 꽤나 큰 특권이었다. 솔직히 나는 가끔은 (특히 후반으로 갈수록) 이러한 탐구를 마지못해 수행했음을 고백한다.

한편으로 누가복음 2장, 마태복음 2장 그리고 관련된 "성탄절" 본문에 관해 많은 설교들을 해왔기에 어린 시절부터 이러한 본문에 익숙한 성도들을 위하여 새롭고 흥미로운 것을 발견할 수 있을 지에 대해 늘 걱정한 것도 사실이다. 나는 항상 먼저는 나에게 그리고 성도들에게 흥미로운 것을 전하기 위해 참신한 방식으로 본문들을 살펴보고 신중하게 연구하였다.

내가 발견했던 강조점들은 흔한 성탄절 이야기가 아니다. 대체적으로 사람들은 성탄절을 아기의 연약함과 모성애의 아름다움에 초점이 맞춰진 감정적인 용어들 안에서만 생각한다. 하지만 나는 성탄절 이야기가 매우 강력하며 전혀 감정적이지 않다는 것을 발견했다.

모든 진정한 기독교 신학에서와 마찬가지로 주요한 강조점은 그리스도의 신성과 그분이 세상에 오신 이유에 있다. 신성에 관해 말하자면 마태는 예수님을 "임마누엘…하나님이 우리와 함께 계시다"(마 1:23)라고 알아본다. 특히 그는 지혜로운 자들이 아기 예수님을 발견했을 때 어떻게 경배했는지를 보여준다(마 2:11). 누가는 "주를 위하여" 사람들을 준비시키는 세례 요한의 사명을 묘사한다(눅 1:17, 76).

마리아에게 나타난 천사는 예수님을 "지극히 높으신 이의 아들"(눅 1:32)이라 부르며 그가 어떻게 성령에 의해 하나님의 아들이 되셨는지를 설명한다(눅 1:35). 후에 누가복음 2장에서 천사는 목자들에게 "구주" 그리고 "그리스도 주"라는 분을 알려준다(눅 2:11). 시므온은 예수님을 보고 "이방을 비추는 빛이요 주의 백성 이스라엘의 영광이니이다 하니"(눅 2:32)라고 찬송하며 "하나님의 구원"이라 불렀다. 성탄절의 갓난 아기가 하나님이시라고 할 때 성탄절은 우리로 하여금 영원 전부터 계시는 삼위 중 한 분이신 그리스도의 선재성을 되돌아보게 할 뿐만 아니라 십자가에서의 그분의 구속 사역, 부활 등을 바라보게 한다. 한마디로 성탄절이 우리에게 주는 주제들은 무궁무진하다.

이들 이야기에서 내가 발견한 또 다른 강조점은 "성탄절의 작은 사람들"이라 불리는 이들에 대한 집중이다. 가이사 아구스도, 헤롯, 당시의 종교 지도자들과 같이 소위 이 세상의 중요한 자들에게는 아주 작은 비중이 주어진다. 그들 중 어떤 사람들은 간접적으로만 이야기 속에 나타나고 또 어떤 사람들은 그리스도와 그분의 사역과 관련하여 훗날에 나타난다.

성탄절 이야기의 강조는 오히려 마리아와 요셉, 이름조차 언급되지 않은 목자들, 시므온, 안나, 사가랴 그리고 엘리사벳과 같이 "작은 사람들"에게서 나타난다. 심지어 동방 박사들조차도 (유대인의 문화에 의하면 이스라엘의 영적인 복에 참여할 수 없다고 가정된 이방인들이었기에) 특별히 중요하지 않다.

성탄절 이야기는 예수님이 우리와 같은 사람들을 위해서 세상에 오셨다는 것을 말해준다.

성탄절 메시지 모음을 책으로 엮는데 있어서 1969년부터 1982년 까지 성탄절 마다 제10장로교회에서 미리 설교할 수 있었던 것에 대하여 감사를 표한다. 대부분의 설교는 국제적인 방송 프로그램인 "The Bible Study Hour"에서 거의 같은 기간 동안 방영되었다. 때때로 나는 다양한 교회와 시민 단체들에게 말씀을 전하기 위해서 하나의 메시지 혹은 그 조합을 사용하기도 했다.

수많은 글을 쓰도록 나를 지원해준 제10장로교회의 성도들이 이 연구물을 읽는 자들에게 영적인 축복이 있도록 기도하는 것을 안다. 그 성도들은 이 책을 준비함에 있어서 나에게 큰 축복이었다. 나의 비서에게도 감사를 표한다. 그녀는 원고를 타이핑하고 참조된 성경구절 확인하는 데에 노력과 전문성을 보여주었다.

> 말할 수 없는 그의 은사로 말미암아 하나님께 감사하노라
> (고후 9:15).

# 역자 서문

심성민 박사
남아공 바버톤 지역 스와지족 선교사

제임스 몽고메리 보이스 목사는 오랜 세월 동안 복음주의 진영에 서서 학문적으로나 목회적으로 많은 영향력을 끼치신 분이다. 그 명성에 걸맞게 예수님의 탄생에 대한 성경적인 고찰과 목회적인 고려를 동시에 보존함으로써 현재를 살아가고 있는 모든 성도들이 지녀야할 진정한 성탄절의 의미를 적절하게 제시하고 있다.

남아공 바버톤이라는 낯선 땅에서 선교라고 하는 새로운 길을 가게 된 나에게 이 책은 현실 속에서 성탄절의 진정한 의미를 어떻게 세워나갈 것인가에 대한 깊은 통찰을 가지게 해주었다. 이 책을 접하는 모든 목회자와 평신도들이 제임스 몽고메리 보이스 목사가 발견한 하나님의 "말할 수 없는 선물"을 발견할 수 있기를 바란다.

# Contents

추 천 사 (진재혁 박사, 지구촌교회 담임목사)     5
추 천 사 (이희성 박사, 총신대학교 구약학 교수)     6
서 언     8
저자 서문     11
역자 서문     15

## 예수 그리스도와 성탄절

1. 예수 그리스도에 의한 성탄절 이야기     21
2. 이는 어떤 아이인가?     37

## 동정녀 탄생과 성탄절

3. 동정녀 탄생과 역사     57
4. 동정녀 탄생에 대한 마태의 증언     75
5. 족보들     93
6. 동정녀 탄생과 기독교 신앙     111

## 첫 번째 성탄절

7. 구유 속의 왕　　　　　　　　　**131**

8. 빈 방 없음　　　　　　　　　　**151**

9. 성탄절을 기다린 사람들　　　　**167**

10. 성탄절을 발견한 사람들　　　 **183**

11. 신앙의 예물들　　　　　　　　**203**

12. 다른 길로 돌아가는 것　　　　**219**


## 성탄절의 사람들

13. 시므온의 시편　　　　　　　　**241**

14. 성탄절의 보잘것없는 사람들　**255**

15. 성탄절을 기념하는 방법　　　 **271**

16. 말할 수 없는 선물　　　　　　**291**

The Christ of Christmas

# 1
## 예수 그리스도와 성탄절

# The Christ of Christmas

## 1장

# 예수 그리스도에 의한 성탄절 이야기

    당신은 예수 그리스도에 의한 성탄절 이야기를 읽어본 적이 있는가? 우리가 잘 아는 누가, 마태, 사도 요한에 의한 성탄절 이야기가 아닌 예수님 자신의 입으로부터 나오는 성탄절 이야기 말이다.

    우리가 성탄절 이야기의 위대한 당사자들을 만나서 그들에게 하나하나 따져 묻는다면 각각의 이야기는 아름답고 감동적일 것이다. 마리아는 천사가 나타난 일, 엘리사벳을 만나러 간 일, 탄생 그 자체 그리고 목자들의 방문에 관한 이야기들을 해줄 것이다. 누가복음 1-2장은 마리아가 스스로 이야기하는 것처럼 위의 이야기들을 설명한다.

    우리가 목자들에게 전화했다면 그들은 성경에 나와 있지 않은 천사들에 관한 묘사나 후에 다른 사람들에게 증거한

결과에 대하여 많은 이야기들을 우리에게 들려주었을 것이다. 요셉 또한 할 말이 있을 것이다. 그러나 그러한 모든 조사를 시행한 후에도 우리는 여전히 예수님께로부터 듣기를 원할 것이다.

어디에서 그러한 이야기를 찾고자 하는가? 복음서에서는 그것을 찾을 수 없다. 예수님 자신의 이야기는 구약성경의 시편 40편에 있으며 이는 또한 신약성경의 히브리서에서 반복되고 있다.

> 그러므로 주께서 세상에 임하실 때에 이르시되 하나님이 제사와 예물을 원하지 아니하시고 오직 나를 위하여 한 몸을 예비하셨도다 번제와 속죄제는 기뻐하지 아니하시나니 이에 내가 말하기를 하나님이여 보시옵소서 두루마리 책에 나를 가리켜 기록된 것과 같이 하나님의 뜻을 행하러 왔나이다 하셨느니라(히 10:5-7).

이것이 바로 내가 예수 그리스도에 의한 성탄절 이야기라고 부르는 것이다.

## 죽기 위하여 태어난 아기

우리 주님이 이 구절에서 강조하시는 것이 무엇인가?

첫째, 예수님은 하나의 목적을 위하여 세상에 오셨다. 이 사실은 예수님을 독특하게 만드는 진리이기 때문에 매우 중요하다. 이 독특한 진리는 그 어떤 사람에게도 적용될 수 없다.

물론 부모들이 자녀들을 위한 어떤 목적을 갖고 있는 것은 사실이다. 부모들은 침대에 누워있는 자신들의 아이가 이 세상에서 중요한 일을 하는 사람으로 성장하기를 소망한다. 부모들이 그리스도인이라면 그들은 그 아이가 죄로부터 보호되고 그리스도를 섬길 수 있기를 소망한다. 또한 부모들은 기대와 열망을 가진다. 그러나 아이는 그러한 것들을 가지지 않는다. 커가면서 획득해야 한다. 이것이 바로 그리스도인의 관점으로 볼 때 아이가 하나님의 말씀을 통해 목적(사명)을 배워야 하는 이유이다.

그러나 예수님은 다르시다. 그분은 처음부터 의식적으로 특별한 목적을 위하여 오셨다. 심지어 그분은 "하나님의 뜻을 행하러 왔나이다"라고 말씀하시며 그 목적을 표출

하신다. 그 뜻은 무엇인가? 하나님은 예수 그리스도가 우리의 구주가 되기를 의도하셨다. 성탄절 이야기를 말하면서 우리는 종종 이 목적을 놓치곤 한다. 아기의 탄생과 그 이야기에 얽힌 감정들에 너무 많은 관심을 두기 때문에 가장 중요한 사실들을 놓치는 것이다.

사실 이 이야기는 성경에서 아주 간단하게 취급되며 강조점은 항상 예수님이 죽기 위하여 오셨다는 사실 위에 있다. 하나님의 영원한 아들이신 예수 그리스도는 우리의 구원을 위하여 죽을 수 있도록 인간의 육체를 입으셨다.

히브리서 10장은 예수 그리스도가 오시기 전에 이스라엘에서 행해졌던 희생 제사들(하나님이 순결한 대속물의 죽음에 근거하여 자신들을 용납하신다는 성도들의 믿음 가운데 행해진 속죄제와 화제들)을 그분의 위대하고 완전한 희생 제사와 비교한다. 또한 시편 40편을 인용하면서 첫째 것과 둘째 것 그리고 그림자와 실재로 비교한다.

> 율법은 장차 올 좋은 일의 그림자일 뿐이요 참 형상이 아니므로 해마다 늘 드리는 같은 제사로는 나아오는 자들을 언제나 온전하게 할 수 없느니라(히 10:1).

> 그 후에 말씀하시기를 보시옵소서 내가 하나님의 뜻을 행하러 왔나이다 하셨으니 그 첫째 것을 폐하심은 둘째 것을 세우려 하심이라 이 뜻을 따라 예수 그리스도의 몸을 단번에 드리심으로 말미암아 우리가 거룩함을 얻었노라 (히 10:9-10).

예수 그리스도는 한 가지 목적을 가지고 이 세상에 오셨으며 그 목적은 우리의 구원자가 되시려는 하나님의 뜻을 행하는 것이었다. 우리가 이 사실을 보지 못한다면 성탄절에 관한 가장 중요한 사실을 놓치게 되는 것이다.

## 누가 갚을 수 있는가?

둘째, 예수님은 하나의 목적을 가지고 세상에 오셨을 뿐 아니라 또한 자신이 그 목적을 성취하는 데 있어서 완벽한 자라는 것을 아시고 세상에 오셨다.

누구나 고귀한 목적을 가질 수 있지만 그것을 성취하는 자가 되는 것은 또 다른 문제이다. 때로 아이들은 어떤 일을 하고자 할 때 그것을 할 수 없음을 발견한다. "기회를

줘! 나는 할 수 있어!"라고 말하면서 어떤 일을 성취하기 위해 안간힘을 쓰지만 그들은 때로 자신의 힘으로는 할 수 없고 그 일을 성취하기 위해서는 도움을 받아야함을 깨닫는다. 하지만 이러한 상황은 그분께는 적용되지 않는다.

예수님이 세상에 오셨을 때 그분은 이미 마음 속에 인류를 위하여 구원을 주시고자 하는 위대한 목적을 품고 계셨다. 예수님은 그 목적을 품으셨을 뿐만 아니라 또한 자신이 그 목적을 수행하기에 완벽하게 맞는 자임을 알고 계셨다. 예수님은 특별한 정체로 인해 완벽하게 적합한 인물이셨다. 태어난 모든 사람들과는 달리, 그분은 사람이시면서 동시에 하나님이셨다. 예수님은 사람으로서 십자가에서 죽으실 수 있었다. 그리고 하나님으로서 우리의 구원을 위해 필요한 죄 값을 치르실 수 있었다.

해리 아이언사이드(Harry Ironside)는 러시아 군대의 군인이었던 한 젊은이에 관해 말하곤 했다. 젊은이의 아버지는 그에게 상당히 책임 있는 직책을 주었던 러시아 황제 니콜라스 1세의 친구였다. 젊은이는 러시아 군대의 한 병영 내에서 급여 담당자였다. 그는 군인들에게 매달 지급되어야 할 돈의 올바른 액수를 알아야 할 책임이 있었다. 물론 젊은이는 그 사실을 잘 알고 있었다. 그러나 그의 성품은 책임을 이행하기에 부족했다. 그는 그 돈을 도박에 사용했다. 결국 그는 도박으로 자신의 돈 뿐만 아니라 정부의 돈을 탕진하고 말았다.

어느 날 젊은이는 황제의 대사가 회계 장부를 감사하기 위하여 온다는 소식을 들었다. 그는 자신이 곤경에 빠지게 되었다는 것을 알았다. 그날 밤 그는 장부를 꺼내어 얼마를 빚졌는지를 확인하였다. 그런 다음 금고를 열어 턱없이 적은 액수의 돈을 보았다. 그는 엄청난 빚의 액수와 턱없이 적게 남은 돈을 바라보고 망연자실 할 수 밖에 없었다. 그는 결국 무너지고 말았다!

그는 자신이 너무나도 큰 잘못을 저질렀으며 스스로가 부끄러운 존재임을 깨달았다. 그는 결국 자살하기로 결심하였다. 그는 권총을 꺼내 테이블 위에 놓았다. 그리고 종이에 자신이 빚진 돈의 액수를 하나씩 정확하게 기록하였다. 자신의 불법적인 대출을 합산한 후, 그 맨 밑에 "이 엄청난 빚을 누가 갚을 수 있는가?"라고 기록하였다. 그는 자정을 알리는 소리와 함께 죽기로 결심하였다.

밤이 깊어감에 따라 젊은 군인은 자기도 모르게 졸기 시작했고 결국에는 잠이 들고 말았다. 바로 그때 황제 니콜라스 1세는 평상시에 하던 대로 병영순시를 하고 있었다. 황제는 불이 켜져 있는 것을 보고 걸음을 멈추어 안으로 들어갔다. 그리고 한 젊은이가 자고 있는 것을 보았다. 황제는 그 젊은이가 누구인지를 알아보았고 동시에 어깨너머로 놓여 있는 회계 장부를 발견하였다. 그러고 나서 모든 상황들을 알게 되었다.

황제는 그를 깨워 체포하려던 순간 회계 장부의 맨 밑에 적혀있는 "이 엄청난 빚을 누가 갚을 수 있는가?"라는 젊은이의 메시지를 보았다. 그는 갑자기 넓은 아량에 사로잡혀 회계장부를 집어 그 메시지의 밑에 한 마디를 적은 후 조용히 그곳을 빠져나갔다.

젊은이는 여전히 아무것도 모르고 잠을 자고 있었다. 한밤 중에 그는 갑자기 잠에서 깨어났다. 그는 시계를 보고 이미 자정이 지난지 한참이라는 것을 깨달았다. 그는 목숨을 끊기 위하여 권총을 들었다. 그러나 그는 다시 앞에 있던 회계 장부에 시선을 두었을 때 전에 보지 못했던 뭔가가 쓰여 있음을 알게 되었다. 거기에는 원래 "이 엄청난 빚을 누가 갚을 수 있는가?"라는 글만 적혀 있었다. 그러나 그 글 밑에

"니콜라스"라는 한 글자가 덧붙여져 있는 것이었다.

그는 너무 놀라 말이 나오지 않았다. 그것이 어떻게 거기 적혀 있는지 이해할 수 없었다. 뭔가 잘못되었음이 틀림없었다. 그는 금고로 가서 황제의 사인이 있는 문서들을 꺼내 비교해 보았다. 그것은 분명 황제의 사인이었다.

"황제가 내가 자고 있을 때 왔었음이 분명하다. 그는 분명히 회계 장부를 봤고 모든 사실을 알게 되었을 것이다. 그러나 그는 나를 용서하기를 원하셨다."

젊은 군인은 황제의 글에 편안히 잠을 청할 수 있었다. 다음날 아침 한 병사가 부족한 액수를 채우기 위해 필요한 액수를 가지고 왔다. 빚은 오직 황제만이 갚을 수 있었고 실제로 황제는 그렇게 하였다.[1]

이와 똑같은 방식으로 오직 예수 그리스도만이 하나님에 대한 우리의 죄 값을 갚으실 수 있었다. 우리는 율법에 기록된 하나님의 의에 대한 도덕적인 필요 조건들을 본다. 우리는 그 필요 조건들을 우리의 형편없는 행위와 비교한다. 그리고 우리는 스스로에게 묻는다.

"하나님께 대한 이 엄청난 빚을 누가 갚을 수 있는가?"

---

1  H. A. Ironside, *Illustrations of Bible Truth* (Chicago: Moody, 1945), 67-69.

그때 예수 그리스도가 걸어 나오셔서 우리의 회계 장부에 자기의 이름, 즉 "예수 그리스도"를 사인하신다. 오직 예수님만이 우리의 죄의 빚을 갚으실 수 있었고 실제로 예수님은 그것을 갚아주셨다.

## 형용할 수 없는 기쁨

셋째, 예수님은 성부 하나님의 뜻을 행하기 기뻐하셨다. 이것을 표현하는 말들은 성경의 곳곳에 나온다. 그중 하나가 시편 40편에 있다.

> 나의 하나님이여 내가 주의 뜻 행하기를 즐기오니 주의 법이 나의 심중에 있나이다 하였나이다(시 40:8).

우리는 또한 성경의 많은 곳에서 예수님이 자신의 사역에 만족하셨다는 것을 발견한다.

시편 22편은 예수님이 십자가에서 죽음을 맞이하시는 장면을 분명하게 묘사한다.

> 내 하나님이여 내 하나님이여 어찌 나를 버리셨나이까 어찌 나를 멀리 하여 돕지 아니하시오며 내 신음 소리를 듣지 아니하시나이까(시 22:1).

이사야 53장은 많은 이를 대신하는 그분의 대속적인 죽음을 어떤 다른 구약본문보다도 잘 표현한다. 특히 이사야 53:11에서 우리는 자신의 영혼의 수고를 올려다보면서 "나는 만족한다!"라고 말씀하시는 예수님을 발견한다.

> 그가 자기 영혼의 수고한 것을 보고 만족하게 여길 것이라 나의 의로운 종이 자기 지식으로 많은 사람을 의롭게 하며 또 그들의 죄악을 친히 담당하리로다(사 53:11).

히브리서 10:5-7은 우리에게 그분이 실제로 하나님의 뜻을 행하기를 기뻐하셨음을 말해준다.

> 그러므로 주께서 세상에 임하실 때에 이르시되 하나님이 제사와 예물을 원하지 아니하시고 오직 나를 위하여 한 몸을 예비하셨도다 번제와 속죄제는 기뻐하지 아니하시나니 이에 내가 말하기를 하나님이여 보시옵소서 두루마리 책에 나를 가리켜 기록된 것과 같이 하나님의 뜻을 행하러 왔나이다 하셨느니라(히 10:5-7).

예수님은 하나님의 영원하신 아들로서 즐겼던 모든 특권들과 특전들을 내려놓으시고 가난하고, 힘든 삶을 영위하며 우리와 같이 되시기를 기뻐하셨는가? 그리고 결국 십자가에서 고난당하시고 죄인, 폭도, 행악자를 위한 죽음을 이루시기 위하여 영광으로부터 이 땅에 오시기를 기뻐하셨는가? 그렇다. 예수님은 우리의 구원을 위한 하나님의 뜻을 행하는 것이 자신의 즐거움이었기에 그것을 기뻐하셨다.

해야 할 어떤 어려운 일이 있는데 해도 되고 안 해도 되지만 자신만이 그것을 할 수 있는 유일한 사람임을 깨달은 한 사람을 상상해보라. 그는 "그래. 내가 생각하기에는 이 일은 해야만 해. 오직 나만이 이 일을 할 수 있어. 나 외에는 다른 누구도 이 일을 할 수 없어. 좋아 나는 이 일을 할 거야"라고 말한다. 그러나 그 일을 한다 할지라도 그에게 아무런 기쁨이 없다면 어떻겠는가?

나는 우리 주님이 이렇게 생각하지 않으신 것에 감사한다. 우리 주님은 "좋아요. 아버지. 당신이 원하시고 또한 할 수 있는 다른 사람이 없다면 제가 죽으러 갈게요"라고 말씀하지 않으셨다. 전혀 그렇게 하지 않으셨다. 예수님은 아버지의 뜻을 행하시기를 기뻐하셨다. 하나님의 자녀들을 영광 가운데로 데려오는 것이 그분의 기쁨이셨다.

천사들이 구원자가 되실 그분이 오시는 것을 전할 때에 기쁨으로 가득 차는 것은 당연한 것이 아니겠는가?

우리 역시 기뻐해야 한다. 이는 성탄절에 서로 선물을 교환해서도 아니고 온 세상이 평안과 성탄절의 정신으로 가득하기 때문에도 아니다. 또한 누군가와 나누기 좋은 아름다운 이야기가 있어서도 아니다.

우리가 기뻐해야 하는 이유는 바로 예수 그리스도가 우리의 구세주로서 세상에 오시기를 기뻐하셨기 때문이다. 그분이 기뻐하셨다면 우리 역시 기뻐하는 것이 마땅하다.

## 내가 너희와 항상 함께 하리라

넷째, 예수님이 "Here I am"(히 10:7, NIV성경)라고 말씀하실 때 현재 시제가 사용되고 있다. 이는 분명히 바로 다음과 같은 중요한 요점을 강조하려는 의도를 가진다.

"내가 왔습니다. 단순히 왔을 뿐만 아니라 내가 다시는 떠나지 않을 것입니다."

웨스터민스터신학교의 총장을 역임한 에드먼드 P. 클라우니(Edmund P. Clowney)는 어떤 사람에게 그리스도에 관해 말하고 있었다. 그 사람은 다음과 같이 말했다.

"내가 느끼는 기독교의 문제점은 그 모든 일이 아주 오래 전에 일어났다는 것입니다. 당신은 2,000여 년 전에 일어난 어떤 일에 관해 말하고 있습니다. 그리스도가 100년 전에만 태어나셨더라도 모든 것은 달라졌을 것입니다."

그에 의문에 클라우니는 올바른 답을 주었다.

"오래 전에 일어났던 그 사건은 현재까지도 끝나지 않았습니다. 오히려 그때 오신 예수 그리스도는 자신이 성취하신 구원을 각 개인에게 가져다주기 위하여 성령을 통하여 계속해서 오고 계십니다."

이것이 바로 성탄절 이야기가 지금까지도 살아 숨쉬는 이유이다. 이것이 바로 성탄절 이야기가 여전히 수없이 많은 사람들의 마음을 붙잡는 유일한 이유이다.

성탄절 이야기가 단순히 우화였거나 혹은 단지 2,000여 년 전에 있었던 특정한 사건에 불과하고 이후로는 더 이상 지속되지 않았다면 우리의 마음을 이처럼 오랫 동안 붙잡지는 못했을 것이다.

먼 유대 땅에서 오래 전에 누군가가 죽은 일의 진짜 의미는 무엇인가? 2,000여 년 전에 오셨던 분이 여전히 지금도 오신다면, 그분이 그때 성취하신 구원의 결과들을 당신과 내가 서있는 지금 여기로 가져오시기 위하여 성령을 통해 각 개인에게 오시고 계신다면, 이 성탄절 이야기는 살아 있는 것이 되고 또한 우리를 살게 할 수 있다.

당신은 당신의 구원자가 되기 위해 성탄절에 오셨던 예수 그리스도를 발견한 적이 있는가? 당신은 그분을 신뢰한 적이 있는가? 그분은 계속해서 오고 계시며 지금 이 순간에 당신의 주님이 될 수 있다. 필립스 브룩스(Philips Brooks)는 자신의 만든 캐럴 "오 베들레헴 작은 골"에 이 요점을 기뻐하는 가사를 실었다.

> 오 놀라우신 하나님 큰 선물 주시니
> 주 믿는 사람이 마음에 큰 은혜 받도다
> 이 죄악 세상 사람 주 오심 모르나
> 주 영접하는 사람들 그 맘에 오시네
> (새찬송가 120장, 3절).

우리를 구원하신 예수 그리스도는 지금도 오고 계신다.

# The Christ of Christmas

## 2장

# 이는 어떤 아이인가?

마태복음의 첫 장은 예수 그리스도의 족보로 시작한다. 그리고 이어서 곧바로 그분의 탄생 이야기가 따라온다. 족보를 제외한 첫 마디는 다음과 같다.

> 예수 그리스도의 나심은 이러하니라 그의 어머니 마리아가 요셉과 약혼하고 동거하기 전에 성령으로 잉태된 것이 나타났더니(마 1:18).

이는 예수님의 삶의 이야기를 시작하는데 있어서 매우 주목할 만한 사실이다! 예수님이 사람이셨다는 것은 틀림없는 사실이다. 예수님의 족보에 대한 열거 그 자체가 그분에 대한 충분한 증명이다. 그분은 아브라함과 그의 위대한 후손, 다윗 왕의 후손이셨다. 이처럼 예수님은 우리와 같은 인간이셨다. 이러한 말들이 사실이라면 조금 더 언급해야 할 것이 있다. 마태는 한 사람을 말하고 있다. 그러나 그분은 인간 아버지의 수고 없이 태어난 사람이다. 예수님의 임신에 있어서 남성의 역할은 하나님의 성령에 의하여 수행되었다. 인류의 전 역사 속에서 그 어떤 사람도 이러한 방식으로 임신된 적이 없다. 그러나 마태는 우리와는 다르게 세상에서의 삶을 시작한 한 사람을 말한다. 물론 그분의 끝도 우리와는 달랐다.

예수님은 누구이신가?

> 마리아 무릎에서 그 목자 양을 칠때에
> 저 천사 노래하네 왕되신 주님께 다 나와
> 천사 따라서 어리신 예수께 다 모여 경배하세
> (새찬송가 113장).

우리는 이에 대한 답변을 얻기 위하여 어디로 가야할까? 신학자들에게 가야 할까? 아마도 그들은 많은 도움이 되지 않을 것이다. 신학자들은 심지어 서로의 답변에도 동의하지 않는다. 어떤 사람들은 거룩한 예수님을 강조하고 또 어떤 사람들은 신적인 예수님을 강조한다. 또 어떤 사람들은 단순히 인간적인 예수님을 강조하며 예수님의 이야기를 "성육신의 신화"로 간주한다.

언젠가 리젠트대학교의 교수인 J. I. 패커(James Innell Packer)가 "오! 주님! 우리를 신학적인 개념들로부터 구원하소서!"라고 기도하는 것을 들었을 때 나는 곧바로 "아멘!"하고 대답하였다.

개념들은 정확히 말해서 다양한 신학적인 의견일 뿐이기 때문이다. 그 의견들은 백화점 안에 있는 다양하고 기발한 연구들을 모아놓은 "개념들"의 판매대와 같다. 그리고 그 개념들은 결코 오래가지 않는다.

그렇다면 우리는 구약전승을 아는 바리새인이나 서기관들에게 가야할까? 아니면 헤롯에게 가야 할까? 그들은 한낱 인간일 뿐이다. 그들은 아마도 현존하는 신학자들보다도 더 정보를 주지 못할 것이다.

나는 우리의 질문에 대한 답변이라는 특별한 목적을 위하여 그러한 사람들보다 더 낮은 인물들과 함께 시작하기를 원한다. 성탄절 이야기의 등장 인물들 중에서 우리가 반드시 알아야 하는 이들에게 눈을 돌려보고자 한다.

## 천사 가브리엘

하나님의 천사인 가브리엘은 성탄절 이야기에서 적어도 두 번 등장한다. 한번은 세례 요한의 탄생을 알리기 위해서 그의 아버지인 늙은 사가랴에게 나타났고 또 다른 한번은 예수님의 탄생을 알리기 위해 마리아에게 나타났다.

우리의 대답과 관련이 있는 것은 두 번째이다. 가브리엘 천사는 마리아에게 나타나서 다음과 같이 말한다.

> 마리아여 무서워하지 말라 네가 하나님께 은혜를 입었느니라 보라 네가 잉태하여 아들을 낳으리니 그 이름을 예수라 하라 그가 큰 자가 되고 지극히 높으신 이의 아들이라 일컬어질 것이요 주 하나님께서 그 조상 다윗의 왕위를 그에게 주시리니 영원히 야곱의 집을 왕으로 다스리실 것이며 그 나라가 무궁하리라(눅 1:30–33).

이러한 선포에 담겨 있는 내용들은 젊은 처녀에게 엄청난 충격이었음이 틀림없다. 자신은 천하지만 태어날 아들은 위대할 것이라는 사실과 태어날 아들이 다윗의 왕위에 오를 것이라는 사실은 놀랄만한 것이었다. 하나님이 다윗에게 왕으로서 영원히 다스릴 후손을 주시겠다고 약속하신 것을 우리는 알고 있다. 그러나 그것은 그때에는 이루어지지 않고 있었다. 마리아가 살던 시절에 다윗 왕가는 쫓겨났고 이방인들이 그 땅을 다스리고 있었다.

가브리엘이 마리아에게 그녀의 아들이 다윗의 왕위에서 다스릴 것이라고 말한 것이 사실이라면 이스라엘의 오랜 기다림은 이제 끝난 것이나 다름 없었다. 그들의 메시아가 온 것이다. 마리아의 장래 아기가 바로 그 메시아였다. 모든 것이 놀라웠다. 그러나 이것이 가브리엘의 언급 중에서 가장 놀라운 것은 아니었다. 가장 놀랍고 믿기 힘든 것은 그 아기가 "지극히 높으신 이의 아들"이라는 것이었다.

정확한 정황을 모른다면 사람들은 이 말을 "특별한 임무를 성취하기 위하여 하나님에 의해 선택된 사람"이라는 최소한의 의미로 이해했을 것이다. 이런 식으로 받아들이는 것은 이스라엘 사람들에게 익숙하였다(시 82:6; 렘 31:20). 왕들도 그렇게 불리곤 했었다(삼하 7:14).

그러나 이 말씀은 인간 아버지가 없는 마리아의 임신과 관련하여 고려해야 한다. 이 정황 속에서 아기가 "지극히 높으신 이의 아들"이라는 말은 하나님 자신이 그 아기의 아버지 되심을 의미한다. 다시 말해 아기는 이전에도 그리고 이후에도 존재하지 않았던 하나님의 후손이 되는 것이다.

우리가 마리아에게 가브리엘이 나타나서 선포하는 본문만을 본다 할지라도 그 약속은 충분히 놀라운 것이다. 그러나 그것은 유일한 본문이 아니다. 우리는 또한 이러한 주제에 관해 설명하는 신약성경 전체를 가지고 있다.

우리는 예수님에 관한 베드로의 고백을 생각한다. 예수님은 제자들에게 자신이 누구인지를 물었고 곧바로 베드로는 다음과 같이 대답하였다.

> 주는 그리스도시요 살아 계신 하나님의 아들이시니이다
> (마 16:16).

이는 세상에서의 아들을 말한 것이 아니었다. 예수님은 베드로의 통찰력이 그의 관찰로부터 나온 것이 아니고 하나님의 계시를 통해 나온 것임을 시사하셨기 때문이다.

> 바요나 시몬아 네가 복이 있도다 이를 네게 알게 한 이는 혈육이 아니요 하늘에 계신 내 아버지시니라(마 16:17).

베드로는 예수님이 단순한 사람이 아니시고 하나님이시라는 것을 인식했었다. 정확하게는 예수님은 성육하신 하나님이셨다.

우리는 요한일서에서 이에 관한 신약성경의 가장 분명한 언급을 만나게 된다. 요한일서에 언급된 그리스도인들은 예수님이 "육체로 오신 것을 시인하지 아니하는 가르침"에 흔들렸었다(요일 4:2-3). 그들은 그 사실을 부인하는 것으로 인해 어려움을 겪고 있었다. 여기에 거짓 교사들은 예수 그리스도의 신성을 부인하는 적그리스도의 자녀들이라고 요한은 말한다.

그리스도인들은 예수님이 진실로 하나님의 아들임을 확신하기에 하나님의 자녀들이다. 요한은 공식적으로 다음과 같이 말한다.

> 누구든지 예수를 하나님의 아들이라 시인하면 하나님이 그의 안에 거하시고 그도 하나님 안에 거하느니라 하나님이 우리를 사랑하시는 사랑을 우리가 알고 믿었노니 하나님은 사랑이시라 사랑 안에 거하는 자는 하나님 안에 거하고 하나님도 그의 안에 거하시느니라(요일 4:15-16).

"예수님은 하나님의 아들이시다"라는 말은 이후로 어떤 사람이 진정한 그리스도인인지 아닌지를 판단하는 공식적인 고백이 되었다.

가브리엘이 태어날 아기가 "지극히 높으신 이의 아들"이 될 것이라고 마리아에게 말하는 것은 곧 그 아기가 하나님이심을 말하고 있는 것이다.

## 요셉에게 나타난 천사

요셉에게 나타난 천사는 마태복음 1:18-24에 묘사된다. 이 천사는 가브리엘일수도 있지만 정확히 이름이 나오진 않는다. 분명한 것은 요셉에게 다음과 같이 말하기 위해 온 "천사"라는 것이다.

> 다윗의 자손 요셉아 네 아내 마리아 데려오기를 무서워하지 말라 그에게 잉태된 자는 성령으로 된 것이라 아들을 낳으리니 이름을 예수라 하라 이는 그가 자기 백성을 그들의 죄에서 구원할 자이심이라(마 1:20-21).

이 계시는 주제인 하나님의 아들인 예수가 독특하고 신적이면서도 일반적이고 인간적이라는 면에서 마리아에게 보인 계시와 유사하다.

"예수"란 말은 "여호와는 구원이시다" 또는 "여호와가 구원하신다"라는 의미를 가진다. 이는 구원이 주님께로부터 나온다는 진리에 대한 증언이다(욘 2:9). 이 칭호는 많은 사람들에 의해서 사용되었다. 예를 들면, 여호수아는 같은 이름의 다른 형태이다. 그러나 여호수아는 마태복음 1:21에 나오는 이름의 온전한 의미를 담을 수는 없다. 여기서 천사는 예수님의 동정녀 임신을 설명하고 있기 때문이다.

다시 말해서 여기서 이름은 일어나고 있는 일에 대한 부분적인 설명일 뿐이다. 이는 하나님이 주관하시는 사건이다. 심지어 아기에게 "여호와가 구원하신다"를 의미하는 "예수"라는 이름을 부여한 후에 천사는 곧바로 아기에 관해서 "그가 자기 백성을 그들의 죄에서 구원할 자이심이라"라고 말한다. 즉 "그 아기는 여호와이시다"라는 것이다.

요셉에 대한 이 계시는 마태의 설명에 의해서 확증된다. 마태는 이 계시가 하나님이 이사야를 통하여 주신 예언을 성취하기 위하여 주어진 것이라고 말하기 때문이다.

> 보라 처녀가 잉태하여 아들을 낳을 것이요 그의 이름을 임마누엘이라 하리라(사 7:14).

또한 마태는 그 예언이 "하나님이 우리와 함께 계시다"(마 1:23)라는 의미임을 지적한다.

## 목자들에게 나타난 천사

누군가가 마리아의 아기가 누구인지를 알고 있다면 그것은 틀림없이 하나님의 사자인 천사들이다. 한 천사가 베들레헴 근교에서 양을 치고 있는 목자들에게 나타났다.

이 천사는 다음과 같이 말했다.

> 무서워하지 말라 보라 내가 온 백성에게 미칠 큰 기쁨의 좋은 소식을 너희에게 전하노라 오늘 다윗의 동네에 너희를 위하여 구주가 나셨으니 곧 그리스도 주시니라 (눅 2:10-11).

이 본문은 신약성경에서 가장 중요한 내용 중 하나이다.

하나의 작은 문법적인 차이를 통하여 (아마도 성경기자들을 영감하신 성령에 의해 지시된) 두 단어는 예수님의 신성에 대한 가장 분명한 증언을 제공한다.

천사가 목자들에게 말한 내용, 즉 베들레헴에 태어난 아기가 "그리스도 주"라는 말은 헬라어로 크리스토스 퀴리오스(Christos kyrios)라고 표현된다. 두 단어는 문법적으로 동일하게 주격 남성으로 기록되었다.

하지만 헬라어에서 일반적인 용법, 즉 첫 단어는 주격, 둘째 단어는 소유격으로 보자면 크리스토스 퀴리오스(Christos kyriou)는 "주의 그리스도"가 된다. 이 방식은 하나님의 선지자, 제사장, 왕 같은 특별한 직책을 위하여 기름부음을 받은 자들을 지칭하는 적절한 방식이었다. 예를 들면, 다윗은 "주의 그리스도"가 될 것이다. 그러나 이는 본문이 의도하는 것이 아니다.

우리는 "주의 그리스도"라고 읽는 대신 실제로 "주이신 그리스도"라는 의미를 가진 "그리스도 주"라고 읽는다. 이 문장은 이미 마리아에게서 태어난 그 아기가 단순히 하나님의 기름부음을 받은 자가 아니라 실제로 육체를 입으시고 나타나신 하나님이심을 의미한다.

가브리엘은 마리아에게 나타나 그 아기가 하나님의 아들이 될 것임을 말하였다. 요셉에게 나타난 천사는 그가 "구원하시는 여호와"가 될 것임을 말하였다. 목자들에게 예수 그리스도의 탄생을 전한 천사는 그 아기를 "주님"(*the Lord*)이라고 불렀다. 세 천사들의 세 가지 증언은 "예수님이 하나님이시다"라는 사실에 동의한다.

## 성부 하나님

우리가 이 문제에 관하여 묻기를 원하는 한 분이 더 있다. 바로 성부 하나님이다. 우리는 아기의 혈통에 관해 논쟁함으로써 결국에는 아버지라고 알려진 이에게 "당신이 이 아기의 아버지인가?"라고 묻는 경우를 상상할 수 있다. 예수님은 세 번에 걸쳐 천사가 나타남으로써 하나님의 독생자이심이 선언되었다. 우리는 천사들을 믿는 경향이 있다. 그러나 이러한 경우에 단순한 인간들은 또 다른 의문을 갖는다. 그렇다면 성부 하나님은 어떤가? 그분은 뭐라고 말씀하시는가? 성부 하나님은 나사렛 예수님을 자신의 아들로서 인정하시는가?

비록 전체적으로는 하나님께로부터 우리에게 오셨다고 말하고 있지만 직접적인 표현들은 성탄절 이야기에서 나타나지 않는다. 대신에 우리는 주님이 자신의 사역을 시작하시기까지 30년을 기다려야 한다.

무고한 아기들의 살해와 이집트로의 피난을 포함하는 초기의 사건들 이후에 추측컨대 예수님은 나사렛으로 돌아와 요셉의 집에서 살면서 요셉의 일을 배우셨다.

예수님은 "지혜와 키가 자라가며 하나님과 사람에게 더욱 사랑스러워"(눅 2:52)지시며 성인으로 성장하신다. 어느 날 예수님은 사촌인 요한이 말씀을 선포하고 세례를 베푸는 요단강에 나타나셨다. 예수님은 세례받기를 구하셨지만 요한은 그것을 꺼렸다.

요한은 "내가 당신에게서 세례를 받아야 할 터인데 당신이 내게로 오시나이까?"(마 3:14)라고 말한다. 예수님은 "모든 의를 이루는 것"(마 3:15)을 위하여 왔으니 요한이 세례를 베푸는 것이 합당하다고 말씀하셨다.

그래서 요한은 예수님께 세례를 베풀었다. 예수님이 물에서 나오실 때에 하늘이 열리고 하나님의 성령이 그분 위에 비둘기처럼 임하였다. 그리고 하늘로부터 "이는 내 사랑하는 아들이요 내 기뻐하는 자라"(마 3:17)라고 말하는 음성이 있었다. "이는 내 사랑하는 아들이요!" 이것은 하나님의 음성이자 증언이었다. 천사들이 이 진리를 선포했다. 그리고 이제 성부 하나님이 그것을 확증하셨다. 몇몇 증인들의 입과 위대하고 가장 신뢰할만한 인물들에 의해서 예수님의 성부 하나님의 아들 되심이 수립되었다.

## 우리의 증언

이제 한 가지만 남았다. 바로 더 이상의 증인들을 찾기보다는 하나님 자신의 증언에 겸손히 우리 자신의 고백을 덧붙이는 것이다.

성탄절의 이야기가 하나님의 아들에 관한 것인가? 예수님은 우리와 함께 하시는 하나님이신가? 그렇다면 우리도 그분을 인정해야 한다. 그분을 경배함으로써 그리고 우리의 삶의 순종으로써 예수님이 스스로 분명하게 선언하신 바를 드러내야 한다.

실제로 도마는 그렇게 했다. 제자들을 부르시고 하나님의 왕국의 도래를 선포하기 시작하셨던 그리스도의 사역 초기에 도마는 예수님을 믿었다. 그리고 도마는 다음과 같은 베드로의 고백을 믿었다.

> 주는 그리스도시요 살아 계신 하나님의 아들이시니이다
> (마 16:16).

그러나 모든 일이 도마가 기대했던 대로 진행되지 않았다. 예수님이 십자가에 매달리시는 날이 왔다. 이는 도마의 기대와는 정반대였다. 그의 세상은 산산이 부서졌다. 그래서 삼일 후에 누군가가 예수님이 죽음에서 일어나셨다고 말해 주어도 도마는 믿지 않았다. 그의 삶의 그 시기에 도마는 "죽은 사람은 일어날 수 없다"라는 자신의 신념을 버리지 못했다. 그러나 예수님은 도마가 믿건 말건 죽음에서 일어나셨다. 그리고 예수님은 도마에게 자신을 보이실 날이 왔다. 예수님은 스스로를 나타내셨다. 그리고 한때 극단적인 회의감에 빠져 있던 도마는 예수님 앞에 엎드려 다음과 같이 고백하였다.

> 도마가 대답하여 이르되 나의 주님이시요 나의 하나님이시니이다(요 20:28).

이것이 바로 우리가 해야 하는 일이다. 우리는 예수님이 나의 하나님이시며 나의 주되심을 고백해야 한다. 우리는 십자가 처형 현장에 있던 백부장과 같이 고백해야 한다.

> 백부장과 및 함께 예수를 지키던 자들이 지진과 그 일어난 일들을 보고 심히 두려워하여 이르되 이는 진실로 하나님의 아들이었도다 하더라(마 27:54).

또한 바울처럼 우리는 예수님을 주로 인정해야 한다.

> 대답하되 주여 누구시니이까 이르시되 나는 네가 박해하는 예수라(행 9:5).

그리고 도마가 소리쳤던 것처럼 우리는 예수님을 "나의 주님이시요 나의 하나님이시니이다"(요 20:28)라고 고백해야 한다.

저 아기 잠이 들었네 마리아 무릎에서
그 목자 양을 칠 때에 저 천사 노래하네
왕되신 주님께 다 나와 천사 따라서
어리신 예수께 다 모여 경배하세

저 짐승들이 사는 곳 그 추한 구유 안에
주 예수 탄생 하시니 참 기쁜 소식이라
왕되신 주님께 다 나와 천사 따라서
어리신 예수께 다 모여 경배하세

저 황금 유향 몰약을 다 주께 드리어서
만왕의 왕 된 구세주 늘 함께 경배하세
왕되신 주님께 다 나와 천사 따라서
어리신 예수께 다 모여 경배하세
(새찬송가 113장).

The Christ of Christmas

# 2
# 동정녀 탄생과 성탄절

# The Christ of Christmas

## 3장

# 동정녀 탄생과 역사

고요한 밤 거룩한 밤 어둠에 묻힌 밤
주의 부모 앉아서 감사 기도 드릴 때
아기 잘도 잔다(새찬송가 109장, Joseph Mohr).

우리는 매년 성탄절마다 노래를 부른다! 그리고 또 성탄절 이야기의 일부인 예수님의 동정녀 탄생에 대한 믿음을 고백한다. 그러나 이것이 진정으로 성탄절의 일부인가? 이것은 진실인가? 그렇다면 기독교 신학의 전 범위 안에서 이 이야기의 적절한 위치는 무엇인가?

20세기 초기 몇십 년 동안 동정녀 탄생은 자유주의가 기독교 진리를 부인하는데 있어서 항상 중심이 되었다. 하나님의 말씀을 믿었고 동정녀 탄생이 말씀 안에 있다는 것을 인식했던 사람들은 그 시기 동안 이 진리를 변호하기 위해 일어섰으며 실제로 아주 멋지게 해냈다. 동정녀 탄생에 대한 변증이 너무나도 훌륭했기 때문에 최근에 자유주의자들은 사실상 이 위대한 진리를 논증하는 것조차 거부하였다.

동정녀 탄생에 대한 믿음이 1세기 기독교의 일부였으며 성경이 그것에 관하여 아주 분명하게 말하고 있다는 사실에도 불구하고 이후의 많은 연구들이 이에 대한 고려 없이 진행되어왔다.

동정녀 탄생에 대한 최초의 암시는 오실 구원자에 대한 첫 공표가 담긴 창세기 3장에서 나타난다.

> 내가 너로 여자와 원수가 되게 하고 네 후손도 여자의 후손과 원수가 되게 하리니 여자의 후손은 네 머리를 상하게 할 것이요 너는 그의 발꿈치를 상하게 할 것이니라 하시고 (창 3:15).

이 본문은 구원자가 "여인"의 후손이 될 것이라고 언급한다. 솔직히 이는 동정녀 탄생을 분명하게 가르치지도 않고 아버지를 배제하지도 않는다. 그러나 아버지가 언급되지 않으며 오실 그분이 단지 여인의 후손이라고 불리는 것은 매우 중요하다. 이사야 7:14에서 아하스 왕에게 주어진 한 예언은 처녀가 임신하여 아들을 낳을 것이며 그 이름이 "하나님이 우리와 함께 계시다"라는 의미를 가진 임마누엘임을 말한다.

> 그러므로 주께서 친히 징조를 너희에게 주실 것이라 보라 처녀가 잉태하여 아들을 낳을 것이요 그의 이름을 임마누엘이라 하리라(사 7:14).

어떤 학자들은 "처녀"로 번역된 히브리어 단어가 결혼 적령기의 젊은 여성을 의미하는 "알마"(*almah*)라는 것에 근거하여 이 본문이 동정녀 탄생과 관련이 있다는 해석을 비판하였다. 물론 더 분명하게 표현하는 또 다른 히브리어 단어가 있다. 그러나 그것은 아하스를 위한 고의적인 단어 선택일 수도 있다. 또한 성령에 의해서 잉태된 기적적인 방법이 아닌 다른 방식으로 아들을 낳았던 누군가가 있었을지도 모른다.

그러나 신약성경으로 오면 우리는 그 본문이 예수님의 동정녀 탄생을 언급하기 위해서 마태에 의하여 인용되었음을 발견한다. 그래서 마태는 동정녀 탄생 해석을 인정한 것이다. 마태는 남자와 관계를 가지지 않은 "처녀"를 의미하는 헬라어 단어를 사용했다. 몇몇 구약본문들은 동정녀 탄생 교리에 이른다. 그리고 누가복음과 마태복음의 초반부에서 동정녀 탄생 교리는 명백히 밝혀진다.

## 신앙과 불신앙

동정녀 탄생 교리는 아직 증명되지 않았기에 오늘날에도 여전히 관심을 끌고 있다. 성장하는 자유주의 세력과 보수주의 그리고 근본주의 세력 간의 싸움이 계속되고 있을 때 존 그레샴 메이첸(J. Gresham Machen)은 『그리스도의 동정녀 탄생』(*The Virgin Birth of Christ*)[1]이라 불리는 확정적인 책을 저술하였다.

이 책에서 메이첸은 학문적인 세심함 그리고 존 오웬(John Owen)이나 벤자민 워필드(B. B. Warfield)와 같은 이들의 연구와 유사한 방식으로 동정녀 탄생 교리를 위한 역사적

---

1 J. Gresham Machen, *The Virgin Birth of Christ* (1930; reprint, London; James Clarke, 1958). 『그리스도의 동정녀 탄생』(CLC).

인 토대를 수립하였고 반대쪽에서 제기하는 모든 논증들을 무너뜨렸다. 그의 책은 두 부분으로 이루어졌다.

첫째, 누가복음과 마태복음의 탄생 이야기로부터 나오는 자료에 근거한 역사적 부분이다.

둘째, 동정녀 탄생 신앙이 이교 신화 혹은 유대교로부터 흘러들어 왔을 수도 있다는 주장들을 반박하는 부분이다.

메이첸의 연구는 아주 탁월했다. 이후 하버드 대학교의 신학 교수 중 한 사람은 비록 메이첸의 결론을 지지하지는 않았지만 어느 누구도 메이첸의 논증에 반박하지 못했음을 지적했다.

사람들은 무언가를 믿고 싶지 않을 때 논증에 반박하기보다는 단순히 "우리는 이미 그것보다 앞서 있다" 혹은 "우리는 오늘날 그것에 관해 다른 방식으로 보고 있다"라고 말한다. 그러나 이것은 정직하지 못한 표현이다. 어느 누구도 누군가가 제기한 논증에 답하기 전까지 "우리는 그것을 이미 넘어섰다"라고 말할 권리가 없다. 그렇게 하지 못한다면 우리의 새로운 신념 역시 단순히 오만에 불과하다. 우리는 지식에서 진보할 수 있다. 그러나 먼저 앞선 것을 받아드릴 때 우리는 비로소 진보할 수 있다.

## 히브리 자료

동정녀 탄생이 역사적인 사실이라면 그 시작점은 문서들과 함께 해야 한다. 그래서 우리는 누가복음의 증언으로 시작하고자 한다. 이 복음서의 초기 장들에 관해 무엇을 말할 수 있는가?

누가는 헬라인이었다. 심지어 그는 아주 능숙한 역사가였다. 당시의 다른 자료들과의 상호 관련성을 통해 누가의 역사성을 확인할 수 있는 사도행전에서 우리는 누가가 탁월한 정확성을 소유한 인물임을 발견한다. 보수주의자들은 누가가 오류가 없는 역사가라고 말한다. 그러나 무오류성을 믿지 않는 자들의 관점에서조차도 누가는 상당히 신뢰할 만하다.

우리는 또한 사도행전을 통해 누가가 바울과 동행했음을 안다. 누가는 바울의 여정을 "그는 여기로 갔다" 또는 "그는 그것을 했다"라고 말하며 3인칭으로 기술하던 것을 어떤 구절에서는 1인칭으로 바꿔서 "우리"라고 표현했다. 예를 들면, 누가는 사도행전 16장에서 "우리는 이것을 했다" 또는 "우리는 그것을 했다"라고 기술하곤 했다.

> 바울이 그 환상을 보았을 때 우리가 곧 마게도냐로 떠나기를 힘쓰니 이는 하나님이 저 사람들에게 복음을 전하라고 우리를 부르신 줄로 인정함이러라(행 16:10).

대부분의 사람들은 누가가 그러한 방식으로 쓰는 것은 직접적으로 바울의 여행에 함께 하고 있음을 시사하는 것이라고 이해하였다. 그것이 맞는다면 우리는 누가가 바울의 예루살렘으로의 여행에 함께 하였고(행 21장) 그래서 바울처럼 그 역시 야고보를 만났으며 또한 개인적으로 주님을 알고 있었던 다른 사람들과 대화를 나누었다는 것을 알게 된다. 야고보는 주님의 형제였다.

누가는 역사적인 관심을 가지고 정확하게 기록하였고 직접적으로 예수 그리스도를 알았던 사람들과 대화를 나누는 기회를 가졌다. 틀림없이 그는 주님의 삶의 초기와 심지어 태어나기 전에 있었던 일들을 알아내기 위해 물어보고 다녔을 것이다.

누가복음의 초반부에서 우리는 바로 이 이야기들을 발견한다. 누가복음의 처음 네 구절은 완벽한 헬라어 문장으로 기록된다.

헬라어는 아름다운 언어이며 독립절을 소개하고 연결하

는 많은 분사들을 사용한다는 면에서 독일어와 다소 비슷하다. 독일어처럼 헬라어도 어떤 구분이 없이 절과 절로 이어가다가 마지막에서 본문의 요점을 강조한다. 그리고 최고조에서 갑작스럽게 끝나곤 한다. 이것이 바로 누가가 처음 네 구절에서 한 것이다. 몇몇의 번역들은 문장을 나눔으로써 이것을 감춘다. NIV성경은 두 문장으로 나눈다. 그러나 헬라어에서는 전체가 하나이다.

우리는 KJV성경이 헬라어와 상당히 비슷하게 진행된다는 면에서 더 낫다고 생각한다. KJV성경은 대체적으로 헬라어가 가진 어순을 지키기 때문이다. KJV성경은 다음과 같이 말한다.

> 우리 가운데서 매우 확실히 믿게 된 그 일들에 관해 처음부터 목격자 되고 말씀의 사역자 된 사람들이 우리에게 그것들을 전해 준 그대로 차례대로 제시해서 밝히 보이려고 손을 댄 사람들이 많으므로 모든 일을 맨 처음부터 완전히 이해한 나도 데오빌로 각하 당신에게 차례대로 써서 알리는 것을 좋게 생각하였으니 이것은 각하로 하여금 각하가 이미 설명 받은 그 일들이 확실함을 알게 하려 함이라 (눅 1:1-4, KJV성경).

흥미로운 것은 서론 다음에 나오는 누가복음 1:5에서 완전히 다른 그리고 전혀 기대하지 않은 어떤 것을 소개한다는 것이다.

> 유대 왕 헤롯 때에 아비야 반열에 제사장 한 사람이 있었으니 이름은 사가랴요 그의 아내는 아론의 자손이니 이름은 엘리사벳이라(눅 1:5).

누가복음 1:5에서 시작하여 누가복음 2장 끝까지 이르는 중요한 부분에서 우리는 처음 네 구절의 헬라어 스타일 글이 아닌 유대 또는 셈족어 스타일의 글을 발견한다.

메이첸은 다음과 같이 말한다.

> 처음 네 구절을 포함하는 복음서의 서론은 신약성경 전체에서 가장 신중하게 구성된 문장들이다…. 이보다 더 유능하게 형성되고 더 전형적인 헬라어 문장을 상상하기는 어려울 것이다. 그러나 이러한 전형적인 헬라어 문장에 뒤이어 신약성경 전체에서 가장 분명하게 셈족어로 기록된 부분이 따라온다.[2]

---

2  Machen, *The Virgin Birth*, 46. 『그리스도의 동정녀 탄생』(CLC).

셈족의 문학 스타일은 많은 흥미로운 특징들을 가진다. 그중 하나가 "어떤 것 옆에 다른 어떤 것을 놓는" 병렬(*parataxis*)이다. 다시 말해서 한 문장이 보통 짜 맞춰진 종속절이 없는 다른 문장을 뒤따른다. 우리가 그러한 문장들을 접하면서 알게 되는 주목할 만한 특징은 누가복음 1:5-2:52에서 보는 바와 같이 "~와"(*and*)라는 단어의 빈번한 사용이다. NIV성경에서는 번역자들이 문장들을 약간 나눠놓았기 때문에 이러한 특징이 분명하게 드러나지 않는다.

그러나 우리는 KJV성경에서 이러한 특징을 발견한다.

> 유대 왕 헤롯 시대에 아비야 계열에 사가랴라는 이름의 어떤 제사장이 있었는데 (and) 그의 아내는 아론의 딸들에게 속하였고 그녀의 이름은 엘리사벳이더라 (and) 그들이 둘 다 (주)의 모든 명령과 규례 안에서 흠 없이 걸으며 (하나님) 앞에 의롭더라 (and) 엘리사벳이 수태하지 못하므로 그들에게는 아이가 없었고 (and) 이제 그들이 둘 다 매우 연로하더라(눅 1:5-7, KJV성경).

처음 네 구절과는 방식에 있어서 분명한 변화가 있다.

또 다른 스타일의 차이가 있다. 그것은 바로 평행법(*parallelism*)이라고 불리는 것이다. 이러한 수사법은 히브리

문학, 특히 시에서 아주 흔하게 발견된다. 하나의 문장이 주어진 후에 그 뒤로 실제적으로는 같은 뜻이지만 약간 다른 단어들을 사용하는 또 하나의 문장이 따라온다. 예를 들면, 우리는 마리아의 노래(눅 1:46-55)에서 이 수사법을 본다.

> 마리아가 이르되 내 영혼이 주를 찬양하며 내 마음이 하나님 내 구주를 기뻐하였음은(눅 1:46-47).

이 문장에서 실제적으로는 같은 것이 평행구조에서 두 번 언급된다. 또 누가복음 1:51-53에서도 이러한 평행구조는 계속되고 있다.

> 그의 팔로 힘을 보이사 마음의 생각이 교만한 자들을 흩으셨고 권세 있는 자를 그 위에서 내리치셨으며 비천한 자를 높이셨고 주리는 자를 좋은 것으로 배불리셨으며 부자는 빈 손으로 보내셨도다(눅 1:51-53).

우리가 이러한 방식을 이해하고 신중하게 이 장들을 읽었다면 누가가 자신이 늘 사용하던 헬라어 스타일 속으로 헬라어 자료가 아닌 분명히 다른 어떤 자료로부터 온 무언가를 집어넣었음을 깨닫게 된다.

심지어 스타일에서 뿐만 아니라 주제에 있어서도 변화가 있음을 보여준다. 이 장들을 읽으면서 우리가 감지하는 사실은 이 이야기들이 예수 그리스도 후기 사역의 관점에서 저자가 기독교 배경이 아닌 기독교 배경 이전의 상황에서 사건을 기술하고 있다는 점이다.

예를 들면, 엘리사벳의 불임이 첫 부분에서 소개되고 나중에 하나님의 호의 그리고 문제의 해결과 관련된 설명이 나온다. 엘리사벳은 다음과 같이 말한다.

> 주께서 나를 돌보시는 날에 사람들 앞에서 내 부끄러움을 없게 하시려고 이렇게 행하심이라 하더라(눅 1:25).

이는 유대인의 사고방식이다. 결혼한 여성에게 있어서 불임은 부끄러운 것이었다. 그러나 헬라인들 사이에서 그것은 아무런 문제가 되지 않았다.

또 사가랴에게 주어진 천사의 발표도 마찬가지이다.

> 천사가 그에게 이르되 사가랴여 무서워하지 말라 너의 간구함이 들린지라 네 아내 엘리사벳이 네게 아들을 낳아 주리니 그 이름을 요한이라 하라 너도 기뻐하고 즐거워할 것이요 많은 사람도 그의 태어남을 기뻐하리니 이는 그가 주

앞에 큰 자가 되며 포도주나 독한 술을 마시지 아니하며 모태로부터 성령의 충만함을 받아 이스라엘 자손을 주 곧 그들의 하나님께로 많이 돌아오게 하겠음이라 그가 또 엘리야의 심령과 능력으로 주 앞에 먼저 와서 아버지의 마음을 자식에게, 거스르는 자를 의인의 슬기에 돌아오게 하고 주를 위하여 세운 백성을 준비하리라(눅 1:13-17).

여기서 천사는 이스라엘 국가의 언약 내에서 유대인들이 갖고 있는 기대 그리고 관련된 미래를 말하고 있기 때문에 기독교 배경 이전이라 할 수 있다.

우리는 마리아의 노래에서도 똑같은 사실을 발견한다. 이 노래에서 우리는 예수 그리스도가 하시려 했던 사역에 대해 그 어떤 것도 발견하지 못한다. 관련 구절들은 그리스도의 사역을 언급하지 않는다. 이 구절들은 그분의 죽음 혹은 부활도 언급하지 않는다.

대신에 마리아와 그 당시의 유대인들에게는 친숙하지만 나중의 기독교 교회에서는 친숙하지 않았던 언어로 이루어진 (하나님에 대한) 찬양이 나타난다. 또 다른 예는 예수님이 태어나신 후에 시므온이 드렸던 기도이다. 그는 이 아기를 "이방을 비추는 빛이요 주의 백성 이스라엘의 영광"(눅 2:32)

이라고 칭한다. 이 또한 유대적인 방식이다. 이 구절에서 그 어떤 것도 누가의 시대에 기독교로 인해 일어났던 이방인을 향한 복음의 확장을 드러내고 있지 않다.

## 어디로부터 온 것인가?

이러한 차이들은 다음과 같은 질문으로 이어진다. 이 내용들이 훌륭한 헬라어 작문 실력을 가진 누가에게서 기대되는 스타일과 맞지 않는다면 누가는 어디에서 이러한 자료들을 얻은 것인가? 우리는 누가가 틀림없이 유능한 역사가였다는 사실로 돌아가야 한다. 그는 신중한 고찰을 하는 것에 익숙한 사람이었다. 그는 서문에서 다음과 같이 기록함으로 이러한 사실을 드러낸다.

> 그 모든 일을 근원부터 자세히 미루어 살핀 나도 데오빌로 각하에게 차례대로 써 보내는 것이 좋은 줄 알았노니(눅 1:3).

그는 단순히 들은 이야기나 소문을 전하고 있는 것이 아니고 신중하게 고찰하고 연구한 사실들을 다루고 있었다.

누가는 어떻게 그러한 일을 했는가? 어디에서 이러한 특정한 자료들을 얻었는가? 틀림없이 예수 그리스도의 초기 사역을 목격했던 이들과의 대화를 통하여 그것들을 얻었을 것이다. 예수 그리스도의 탄생 이야기의 경우 누가는 아마도 당사자이며 최고의 목격자인 마리아에게 그 사실을 들었을 것이다. 그리고 그는 아마도 마리아에게까지 거슬러 올라가는 기록된 자료들을 통해 사실을 확인했을 것이다.

## 독생자 그리스도

많은 결론들이 가능하다.

첫째, 동정녀 탄생은 얼마간의 시간이 흐른 뒤 기독교에 덧붙여진 것이 아니고 가장 초기에 속하는 자료라는 결론이다. 사람들은 종종 "이것은 어떤 주관적인 경험을 경건하게 포장하는 사람들에 의해 덧붙여진 것에 불과하다"라고 언급하며 기독교를 이해하려고 시도한다.

루돌프 불트만(Rudolf Bultmann)은 이러한 접근방식에 있어서 극단적으로 나간 사람이다. 불트만이 가진 신학에 있어서 신약성경 안에 있는 모든 것은 이러한 범주에 속하기 때문이다. 불트만은 신약성경 안에 있는 어떤 것도 역사적 예수님과는 관련이 없다고 주장한다. 그는 단지 그리스도의 존재에 대해 "그 자체"만을 말한다. 그는 그리스도라는 이가 있었다는 것이 그분에 관해 말할 수 있는 전부라고 주장한다. 그러나 이는 우리가 신약성경 안에서 확신하고 있는 내용을 제대로 드러내지 못한다. 동정녀 탄생은 진짜로 일어난 것에 관한 역사적인 서술로서의 표현이다.

둘째, 동정녀 탄생은 누가에 의해 고안된 것이 아니고 누가가 마리아를 포함한 모든 목격자들 중 믿을 만한 사람들로부터 알게 된 것이라는 결론이다.

이것이 사실이라면 우리는 동정녀 탄생이 역사적인 사실이라고 결론지을 수 있다. 물론 우리는 사람들이 자기 자신의 경험에 부합하지 않는 사실들을 좋아하지 않는다는 것을 알고 있다. 사실을 받아들이기 거부할 때 사람들은 거부한 그 사실을 아무런 근거도 없는 것으로 가정하고 더 나아가 회의론자들은 그것들을 신화로 치부하려 한다. 그러나 그것은 현명한 방법이 아니다.

셰익스피어의 햄릿은 "하늘과 땅에는 당신의 철학 안에

서 상상하는 것 이상의 것들이 있다"라고 말한다. 사람들은 종종 제한된 철학을 가진다. 그러나 많은 것들이 그 안에 들어가지 않는다. 그렇지만 들어가지 않는다고 해서 진리가 아니라는 뜻은 아니다. 그러므로 우리는 이처럼 커다란 기독교의 원리를 다룰 때 주위의 많은 의심들을 제쳐두고 동정녀 탄생은 역사의 한 자리에 있음을 깨달아야 한다.

동정녀 탄생은 예수 그리스도의 유일성을 시사하는 독특하고 기적적인 본질 때문에 중요하다.

예수님의 삶이 두 가지 위대한 기적들에 의해 묶여진다는 것은 중요하다. 하나의 기적은 동정녀 탄생이다. 그분은 인간 아버지의 도움 없이 인간이 되셨다. 그래서 그분은 하나님의 아들이시고 동시에 인간의 아들이시다.

또 다른 기적은 부활이다. 그분은 모든 적들 중 가장 위대한 죽음을 정복하셨다. 인류 역사상 유일한 그분께 모든 것을 집중시키기 위해 하나님이 하실 수 있는 이보다 더 분명한 방법이 무엇이 있겠는가?

# The Christ of Christmas

**4장**

# 동정녀 탄생에 대한 마태의 증언

　동정녀 탄생에 대한 마태의 기록에 대한 연구를 시작하면서 우리는 이미 누가의 서술로부터 배운 것을 상기해야 한다. 누가복음 1-2장의 연구를 통해 우리는 누가의 서술이 강한 셈족어 방식과 신학을 가졌다는 점에서 기독교 배경 이전의 것으로 불릴 수 있다는 것을 알았다. 누가는 어디에서 이러한 자료들을 손에 넣었는가?

　누가는 예수님의 제자가 아니었다. 그는 헬라인이었다. 그는 사도 바울의 사역으로 인해 기독교 세계에 들어왔고 바울과 함께 여행하였다. 아마도 그가 팔레스타인에 처음 모습을 보인 것은 바울의 선교여행 후기에 그와 함께 여행한 때일 것이다. 누가가 동정녀 탄생에 관한 자료를 어디에서 얻었는지를 추론해볼 수 있는 논리적인 근거는 (그 자신이 직접 언급하지는 않았지만) 예수님의 삶과 사역 초기에 대한 직접적인 경험을 가진 사람들과의 대화에 달려 있다. 누가복음 1-2장은 아마도 마리아의 경험과 증언의 도움을 받았을 것이다.

누가의 자료는 동정녀 탄생에 관해 몇 가지 흥미로운 점들을 말한다. 누가는 동정녀 탄생이 가장 초기에 출처를 두고 있기 때문에 이후에 기독교에 덧붙여진 것이 아님을 말해 준다. 그리고 누가는 동정녀 탄생이 독특하고 기적적이므로 예수 그리스도의 유일한 본성을 아주 자연스럽게 시사하는 역사적 사실임을 말해준다. 동정녀 탄생은 예수님이 하나님의 독생자이심을 우리에게 말해 준다.

### 마태의 서술

이러한 배경과 함께 이제 우리는 동정녀 탄생에 관한 또 다른 서술이 나타나는 마태복음에 눈을 돌리고자 한다. 마태의 이야기도 똑같이 분명한 핵심적인 가르침을 가진다. 그 가르침을 누가의 것과 비교할 때 우리는 상당히 많은 유사점과 차이점을 발견하게 된다.

마태복음 구절들을 살피기 시작하면서 발견하게 되는 특징은 누가복음 1:5-2:52의 구절들 만큼이나 유대적이다.

예를 들면, 예수님의 탄생에 관한 가장 첫 번째 언급은 마리아와 요셉의 약혼을 소개하고 마리아가 임신했지만 자신의 아기가 아니라는 것을 알게 된 요셉의 어려움에 대한 것이다. 요셉은 자연스럽게 마리아가 잘못을 했다고 생각하여 조용히 이혼하기로 결심했다. 이는 바로 유대적인 방식이다. 이는 그리스 혹은 로마 세계에서는 흔히 접할 수 없는 특정한 상황을 시사하고 있기 때문이다. 마리아와 요셉은 결혼하지 않았지만 약혼을 파기하는 것만으로도 남녀 자신이나 가족들에게 있어서 거의 이혼과도 같은 강도를 가지는 것으로 보인다. 탄생에 관한 마태의 첫 구절들은 이러한 사실에 대한 이해 없이는 설명이 불가능하다.

계속해서 읽어내려 가면서 우리는 처음 두 장에서 마태가 다섯 번이나 구약성경을 인용하여 일어난 일을 설명하고 있음을 발견한다. 그는 "이 모든 일이 된 것은 주께서 선지자로 하신 말씀을 이루려 하심이니"(마 1:22; 2:5, 15, 17, 23)라고 말한 후에 이에 해당하는 구약본문을 인용한다.

또한 마태복음 1:23은 이사야 7:14로부터의 인용을 소개한다.

> 보라 처녀가 잉태하여 아들을 낳을 것이요 그의 이름은 임마누엘이라 하리라(마 1:23).

> 그러므로 주께서 친히 징조를 너희에게 주실 것이라 보라 처녀가 잉태하여 아들을 낳을 것이요 그의 이름을 임마누엘이라 하리라(사 7:14).

계속해서 마태복음 2:6은 미가 5:2로부터의 인용을 소개한다.

> 또 유대 땅 베들레헴아 너는 유대 고을 중에서 가장 작지 아니하도다 네게서 한 다스리는 자가 나와서 내 백성 이스라엘의 목자가 되리라 하였음이니이다(마 2:6).

> 베들레헴 에브라다야 너는 유다 족속 중에 작을지라도 이스라엘을 다스릴 자가 네게서 내게로 나올 것이라 그의 근본은 상고에, 영원에 있느니라(미 5:2).

그리고 우리는 마태복음 2:15에서도 동일한 현상을 발견한다. 거기에서는 호세아 11:1이 인용된다.

> 헤롯이 죽기까지 거기 있었으니 이는 주께서 선지자를 통하여 말씀하신 바 애굽으로부터 내 아들을 불렀다 함을 이루려 하심이라(마 2:15).

> 이스라엘이 어렸을 때에 내가 사랑하여 내 아들을 애굽에서 불러냈거늘(호 11:1).

또한 마태복음 2:18에서는 마찬가지로 예레미야 31:15이 인용된다.

> 라마에서 슬퍼하며 크게 통곡하는 소리가 들리니 라헬이 그 자식을 위하여 애곡하는 것이라 그가 자식이 없으므로 위로 받기를 거절하였도다 함이 이루어졌느니라(마 2:18).

> 여호와께서 이와 같이 말씀하시니라 라마에서 슬퍼하며 통곡하는 소리가 들리니 라헬이 그 자식 때문에 애곡하는 것이라 그가 자식이 없어져서 위로 받기를 거절하는도다(렘 31:15).

그리고 마태복음 2:23에서는 구약본문에서의 예언에 대한 인용이 있다. 이들 각각의 인용문들은 분명히 마태의 글의 유대적인 특징을 시사한다.

그러나 이들 특징들은 누가의 글에 나오는 특징들과는

차이가 있다. 누가복음에서는 셈족의 특징, 유대적인 특징이 외적으로 분명하게 드러난다.

그러나 마태복음에서는 그 특징들은 전혀 외적으로 드러나지 않는다. 마태는 처음부터 끝까지 다 유대적이기 때문이다.

우리는 스타일에 있어서는 유사점을 보게 되지만 저자와 관련해서는 큰 차이점을 보게 된다.

눈에 띄는 또 다른 차이점이 있다. 누가복음 1-2장을 볼 때 우리는 그 내용과 분위기가 기독교 배경 이전의 상황임을 알게 된다. 그리스도의 부활 이후의 기독교에서 볼 수 있는 모든 특징들이 보이지 않는다. 모든 것이 유대적이다. 반면에 마태복음으로 가게 되면 비록 스타일에 있어서는 역시나 유대적이지만 처음부터 태어나실 이가 죄를 위해 죽을 것이라는 분명한 기대감이 있기 때문에 기독교 배경 이후라는 것이 분명하다.

> 아들을 낳으리니 이름을 예수라 하라 이는 그가 자기 백성을 그들의 죄에서 구원할 자이심이라 하니라(마 1:21).

다른 복음서에는 나오지 않고 마태복음에서만 볼 수 있는 동방박사들의 이야기는 똑같은 시각을 반영한다. 동방박사들의 방문의 중요성은 그들이 이방인이라는 것이다. 그러므로 마태복음은 복음이 모든 사람을 위한 것임을 나타낸다.

### 진짜 또는 가짜 기록들

마태와 누가의 기록들 간의 관계는 무엇인가? 성경 내에서 병행하는 기록들을 살펴볼 때 나는 르우벤 A. 토레이(Reuben A. Torrey)가 부활에 관하여 말하면서 병행하는 기록들을 다루기 위해 사용했던 방법들을 떠올린다. 그는 병행 구절들이 세 가지 방법 중 하나에 의해서 만들어졌다는 것을 지적했다.

첫째, 누군가가 관련 기록들을 모아서 목적에 맞게 조합하여 기록되었다는 것이다.

둘째, 관련 기록들이 독립적으로 따로따로 기록되었다는 것이다.

셋째, 관련 기록들은 전혀 고안된 것이 아니며 관찰된 사건들이 기록되었다는 것이다.[1]

이제 누가와 마태의 기록들이 이러한 세 가지 방법 중 어떤 것에 맞는 지를 고민해보자.

이 기록들이 신화처럼 고안된 것이라고 가정해보자. 자유주의 학자들은 때때로 기독교의 1세기가 지나간 이후에 기독교 사상사에서 사람들이 예수님의 강림의 중요성에 관해 깊이 생각하기 시작했을 것이라고 말한다. 그 사람들은 아마도 이렇게 말했을 것이다.

"우리는 예수님의 삶이 놀라웠다는 것을 나타내는 어떤 방식이 필요합니다. 그리스도 사건의 독특함을 상징적으로 표현하기 위해 동정녀 탄생을 만들어내도록 합시다."

또한 그 기록들은 고안되었다고 가정해 보자. 그런데 한 곳에서 조합하여 고안된 것인지 아니면 독립적으로 각각 고안된 것인지를 묻는다고 가정해 보자.

조합하여 기록들을 고안하는 데는 여러 가지 방법들이 있다. 마태와 누가는 예루살렘에서 만났을 수도 있다. 그리고

---

[1] Reuben A. Torrey, *The Bible and Its Christ* (New York; Revell, 1904), 58-85. 또한 『그리스도의 동정녀 탄생』(*The Virgin Birth of Christ,* London: James Clarke, 1958), 188-209을 보라.

누가는 마태에게 다음과 같이 말했을 수도 있다.

"마태, 자네가 알다시피 나는 예수 그리스도에 관한 복음을 기록하고 있네. 나는 그분의 이야기를 쓰고 있는데 때로 그분의 근본 즉 탄생에 관해 무엇인가를 기록하고 싶다네."

마태는 다음과 같이 대답했을지도 모른다.

"그것 참 이상한 일이군. 사실 나도 똑같은 일을 하고 있다네. 나 역시 그리스도와 그분의 탄생에 관하여 쓰고 있다네. 그런데 자네도 알다시피 그것에 관한 정보가 주변에 그렇게 많지 않다네. 그래서 나는 그분의 탄생에 관한 이야기 하나를 만들어 내려고 생각했지."

이에 대해 누가는 마태에게 다음과 같이 대답했을지도 모른다. "우리는 지금 같은 상황에 처해 있군. 그렇다면 그러한 이야기를 만들어내기 위해 함께 일하면 좋겠네. 자네와 내가 상반된 이야기를 쓰게 되는 것을 원하지 않네. 우리가 똑같은 사실을 말하고 있다는 것을 분명히 하도록 하세. 우리가 서로 다른 것을 말한다면 누가 우리를 믿어 주겠는가?" 이것이 조합이 일어날 수 있는 한 방법이다.

이 방법 말고도 또 다른 방법이 있다. 우리는 마태가 자신의 기록들을 쓴 후에 죽었다고 추측해 볼 수 있다. 그 다음에 누가가 예루살렘에 와서 자료들을 이리저리 뒤지다가 마태의 복음을 발견했을 수 있다. 그리고 그는 다음과 같이 말했을지도 모른다. "여기 몇 가지의 원 자료들이 있으니 이 자료들을 사용하여 하나의 기록을 만들어 내야겠다."

그리고 역사적이고 문학적인 방법이 있다. 이는 마태와 누가가 결코 만난 적도 없고, 서로의 복음서를 사용하지도 않았지만, 두 사람이 어찌어찌해서 예루살렘 안에 떠다니는 문서를 손에 넣었다고 추측해 볼 수 있다.

마태와 누가가 각각 이러한 기록들을 만들어낸 것이라면 우리는 그 기록들에서 분명한 모순들을 발견할 수 있지 않을까?

누가복음은 천사가 마리아에게 나타나 한 아기가 성령에 의해서 그녀에게서 태어날 것이라고 설명하는 내용을 보여준다. 마태복음도 역시 이와 동일한 내용을 가지고 있다. 그러나 마태복음은 이에 대해 마리아에게 말하지 않고 요셉에게 말한다. 물론 이 사실은 서로 배치되지 않는다. 천사가 먼저 마리아에게 말하고 그 다음으로 요셉에게 말했을 수도 있다. 사실상 우리는 그렇게 된 것이 정확하다고 믿는다.

그러나 마태와 누가가 복음서를 작성하기 위하여 함께 모여 두 사람 간의 하나의 이야기를 구축하였다면 위의 모순은 제거되었을 것이다. 누가는 마태에게 이렇게 말했을 것이다. "마태, 천사가 요셉에게 나타난 자네의 이야기는 아주 좋군. 하지만 나는 천사가 마리아에게 나타난 이야기의 기록을 가지고 있네. 우리 둘이 서로 다른 이야기를 사용할 수는 없으니 그 이야기를 어떻게 할 것인지를 결정하도록 하세. 자네의 것을 사용하기를 원한다면 나도 그렇게 할 것이네. 결정하기 어렵다면 동전을 던져서 결정하도록 하세."

그들이 함께 작업을 하고 있었다면 아마도 두 사람의 서술 속에 한 가지 이야기만이 포함되었거나 두 이야기 모두 포함되었을 것이다.

또 다른 분명한 모순이 있다. 누가는 어린 예수님을 경배하기 위해 오는 목자들에 관해 말한다. 그러나 마태는 무엇을 말하는가? 그는 동방박사들에 관한 이야기를 가지고 있다. 그들이 함께 공모하고 있었다면 마태는 누가에게 이렇게 말했을 것이다.

"누가, 자네가 만들어 낸 이야기는 아주 간단하면서도 가슴을 저미는 감동적인 이야기네. 그러나 자네는 내가 만든 이야기의 훌륭한 신학을 놓치고 있네. 나는 심지어 이방인인 동방의 박사들조차 와서 예수님 앞에 경배하는 모습을 보여주기 원하네."

그러면 누가는 이렇게 말했을 것이다.

"그것 참 좋은 요점이군. 그러나 기독교는 아직 박해받는 종교이기에 우리는 그렇게 많은 이방의 왕들이 개종한 것을 보지 못할 것이네. 동방박사들은 잊고 목자들에 관해 말하는 것이 더 좋지 않겠는가?"

이 두 사람이 함께 일했다면 이에 관해서도 하나의 이야기 혹은 또 다른 이야기를 만들어 냈을 것이다.

또 다른 예가 있다. 누가는 마리아와 요셉이 나사렛에 살았으며 가이사 아구스도의 칙령 때문에 비로소 베들레헴으로 올라갔다는 것을 아주 분명하게 말한다. 그러나 마태는 베들레헴에 있는 마리아와 요셉과 함께 시작한다. 마태복음에서는 2장 끝부분에 가서야 비로소 나사렛에 관한 언급이 나온다. 마태는 마리아와 요셉이 이집트로부터 돌아온 후에 베들레헴으로 가지 않고 "나사렛 사람이라 칭하리라"는 구약의 예언이 성취되도록 나사렛으로 갔다고 말한다.

물론 이러한 차이는 갈등을 일으킬 만한 것은 아니다.

우리는 그렇게 만들어질 수 있다고 이해한다. 그러나 이러한 차이는 마태와 누가 같은 신중한 작가들이 함께 일하고 있었다면 충분히 제거될 수 있었다.

그들이 이 이야기들을 제 각각 만들어 냈다는 가능성에 관해서는 어떤가? 마태는 예루살렘 내의 한 장소에 앉아 있었고 누가는 또 다른 어느 장소에 앉아 있었다. 그리고 그들은 서로 관련이 없었다. 그들은 심지어 서로의 이야기에 관해서 조차도 몰랐다. 그들 각자는 이렇게 말했다.

"나는 정말로 괜찮은 이야기 하나를 지어낼 거야."

이것이 사실이라면 우리는 차이점들을 발견했을 것이고 두 기록들 간의 명백한 일치점을 보지 못했을 것이다. 물론 거기에는 차이점들이 있다. 그러나 우리가 같은 이야기를 다루고 있다는 사실은 틀림이 없다. 거기에는 마리아, 요셉 그리고 아기와 같은 동일한 특징들이 있다. 심지어 이들은 두 기록들 안에서 단순히 이름만 같은 것이 아니고 동일한 사람이다. 마태복음에서의 요셉이 누가복음에서의 요셉이고, 누가복음에서의 마리아가 마태복음에서의 마리아이다. 또 기적적인 방법으로 일어난 예수 그리스도의 탄생 또한 일치한다.

이러한 사실은 우리를 어디로 데려가는가? 당신이 그 이야기들이 공모에 의해 만들어졌다는 가능성과 따로따로 만들어졌다는 가능성을 제쳐놓는다면 남아있는 유일한 가능성은 두 기록들이 결코 만들어진 것이 아니고 두 저자들이 알고 있던 실제적인 사건에 관한 설명들이라는 것이다.

두 기록들은 일련의 표면적인 차이점들을 가지고 있지만 각각의 독립된 목격자들이 한 사건에 대해 증언할 때 나타나는 근원적인 통일성도 가지고 있다.

## 사건의 흐름

이 사건들을 한 곳에 조합하게 될 때 우리는 길지만 일관된 시간의 흐름을 알게 된다.

첫째, 사가랴는 천사로부터 세례 요한의 탄생에 관한 정보를 듣게 된다(눅 1:5-25).

둘째, 천사가 마리아에게 나타나는 내용 이후에 사가랴에 대한 언급이 따라온다(눅 1:26-38). 이것은 누가복음 초반부의 내용과 아주 유사하다.

셋째, 마리아는 엘리사벳을 방문했다(눅 1:39-56).

이는 전적으로 이해할 만하다. 마리아는 천사로부터 인간 아버지가 없는 한 아기를 출산할 것이라는 말을 듣게 된다. 그녀는 하나님이 이 일을 하시고 계시다는 것을 믿었지만 어느 누구와도 이 신비함을 소통할 수 없었다.

그러나 천사가 마리아의 친척 중 하나가 늙은 나이에 임신하도록 하나님이 축복하실 것이라는 말을 했고, 마리아는 자신에게 일어난 일을 이해할 수 있는 누군가가 있다면 그것은 바로 엘리사벳이라는 것을 깨달았다. 그래서 마리아는 즉시 엘리사벳에게로 갔다! 마리아는 거기에서 삼 개월을 머물렀다. 삼 개월 후 마리아는 나사렛으로 돌아왔고 그 즈음에 세례 요한이 태어났다(눅 1:57-80).

마태는 이 시점부터 이야기를 시작한다. 그는 지나간 사건들에 관해서는 아무것도 말하지 않는다. 마태는 드러난 마리아의 처지에 관해 말한다(마 1:18-25). 요셉은 마리아와 조용히 파혼하고자 한다. 그러나 그때 (마태에게 있어서는 첫 번째) 천사가 요셉에게 나타나 일어난 일에 대해 설명하는 내용이 있게 된다. 요셉은 마리아가 그랬던 것처럼 천사의 말을 믿었다. 그리고 요셉은 즉시 마리아를 자신의 보호 안에

둔다. 이는 그녀가 그러한 처지에서 파혼당하여 세상 가운데 홀로 남겨지게 될 때 처하게 될 위험으로부터 그녀를 보호하기 위함이다.

누가는 계속해서 마리아와 요셉이 어떻게 베들레헴으로 가게 되었는지를 이야기 한다(눅 2:1-5). 마태와 누가는 모두 자연스럽게 예수님의 탄생에 관하여 말한다(마 1:25; 눅 2:6-7).

그리고 나서 누가는 다시 목자들의 방문(눅 2:8-20), 베들레헴에서 태어나신 지 8일째에 시행된 예수님의 할례(눅 2:21), 40일째 되는 날 성전에서의 드림(이 드림은 예루살렘의 구속을 고대하는 시므온, 안나 그리고 다른 사람들이 구원자가 오셨음을 깨닫고 증언하는 사건을 포함한다) 그리고 베들레헴으로의 귀환을 언급한다(눅 2:22-40).

마태는 여기서 동방박사들의 방문(마 2:1-12), 이집트로의 피난(마 2:13-18) 그리고 누가에 의해서도 언급된 나사렛으로의 귀환(마 2:19-23; 눅 2:39)에 관하여 말한다.

이러한 기록들에게서 우리는 무엇을 알게 되는가? 우리는 그 기록들이 독립적이지만 상호보완적인 설명을 하고 있음을 알게 된다. 각각은 전체 이야기의 다른 부분들을 말하지만 그 부분들과 관계된 사건이 사실이기 때문에 전체로 볼 때에는 서로 맞아 떨어진다.

  누가의 기록을 따로 연구해 보면 우리는 그것이 믿을만하다는 것을 발견한다. 그러나 우리가 여기에 덧붙여야 하는 또 한 가지 사실은 이 사건들이 충분이 역사적인 동시에 또한 초자연적이라는 것이다. 초자연적인 존재가 하나님의 은혜를 통해 역사 속으로 들어온 것이다.

# The Christ of Christmas

## 5장

# 족보들

　뉴스위크 매거진은 1979년의 마지막을 역사적 예수님과 성경기록의 역사성을 공격하는 한 표지 기사로 장식하였다. 이 글은 신약성경에 관한 고등비평에 근거하고 있으며 그에 관한 지식이 희박한 리포터가 쓴 것이었다.

　이 글이 주는 전체적인 인상은 복음서에 나타난 예수 그리스도의 삶, 죽음 그리고 부활에 관한 어떤 기록들도 직접적으로 목격한 것이 아니며 그러므로 복음서들은 거의 모두 창작물이라는 것이다. 결론적으로 복음서들을 통해서 역사적 예수님에 관한 지식을 얻기란 거의 불가능하다는 내용이었다.

　내가 학생이었을 때는 이런 종류의 글을 지금보다 훨씬 더 심각하게 받아들였다. 특히 당시에는 신학교 교수님들의 이론을 심각하게 받아들이지 않을 수 없었다. 그러나 이제 나는 이러한 글들에 대해 그때보다 심각하게 고려하지 않는다. 사실상 나는 이러한 접근을 완전히 잘못된 것으로 취급한다.

복음서들이 목격자들의 기록들과는 아무런 관련도 없다는 것이 사실이라면 예수님의 이야기를 저자들의 주관적인 경험을 표현하는 창작물로 생각하는 것이 가능하다. 그러나 반대로 복음서들 자체가 주장하는 것처럼 그 기록들이 목격자들의 산물이라면 성경에 대한 이러한 접근 자체는 그저 쓰레기통으로 버려져야 한다.

나는 이러한 방식에서 예수 그리스도의 족보에 관한 우리의 연구를 소개한다. 내가 이제까지 마태와 누가의 탄생 서술에 관하여 말해 온 방식은 비평적 의견에 전적으로 배치되는 것이다.

그 기록들이 공모 또는 독립적으로 창작된 것이 아니라면 이는 목격자들의 기록에 근거한 작품이므로 온전히 믿을만한 것이 된다.

## 족보에 관한 문제

그러나 이러한 문제들을 다루는 데 있어서 우리에게 큰 어려움을 주는 한 서술이 있다. 그것은 바로 족보이다. 족보에 관한 누가와 마태의 기록을 비교하는 데 있어서 우리가 (전체까지는 아니더라도) 부분적으로라도 완전히 다른 것들을 다루고 있음을 이해하기란 어렵지 않다. 우리가 다른 두 사람의 가계를 다루고 있다면 문제가 없었을 것이다. 그러나 이 두 족보는 특별히 예수 그리스도의 아버지이자 마리아의 남편인 요셉을 다루고 있으며 요셉과 다윗 중간에 있는 선조들을 열거함에 있어서 차이가 있다.

적어도 표면적으로는 그 차이가 아주 큰 모순인 것처럼 보여서 우리는 두 저자들이 스스로 무엇에 관해 말하고 있는지 조차 모르고 있다고 쉽게 가정할 수도 있다.

이러한 어려움에도 불구하고 두 족보는 적어도 동정녀 탄생에 관한 증언을 하고 있다. 마태의 족보 마지막에서 마태는 "야곱은 마리아의 남편 요셉을 낳았으니 마리아에게서 그리스도라 칭하는 예수가 나시니라"(마 1:16)라고 기록한다. 마태는 요셉이 예수님의 아버지라고 말하지 않는다.

비록 다르게 표현되지만 우리는 누가에게서도 다음과 같은 내용을 보게 된다.

> 예수께서 가르치심을 시작하실 때에 삼십 세쯤 되시니라 사람들이 아는 대로는 요셉의 아들이니 요셉의 위는 헬리요 (눅 3:23).

누가는 다른 족보를 주고 있지만 여전히 동정녀 탄생에 대해서 증언하고 있다. 그는 요셉이 예수님의 아버지인 것으로 사람들에게 생각되지만 사실은 아니라는 것을 말하고 있다. 요셉은 예수님의 어머니인 마리아의 유일한 남편이다.

그렇다면 족보에 관한 어려움은 무엇인가? 마태의 족보는 아브라함으로부터 시작하여 그리스도까지 역사를 따라 내려온다. 이는 다윗까지 14세대에 걸쳐 아브라함의 후손들을 그리고 바빌론 포로까지 14세대에 걸쳐 다윗의 후손들을 추적한다. 그런 후에 마리아의 남편인 요셉의 아버지, 야곱까지 14세대의 후손들을 추적한다.

반면에 누가는 마태와는 반대로 거꾸로 거슬러 올라간다. 그는 요셉으로부터 시작하여 다윗까지 그리고 아브라함에까지 이른다. 그러나 누가는 거기서 멈추지 않고 아브라함을 넘어 "하나님의 아들"이라고 칭하는 아담에까지 이른다.

누가가 쓴 족보의 두 부분은 문제가 없다. 그의 족보의 마지막 부분인 아브라함에서 아담까지가 마태에게서는 보이지 않는다. 그래서 비교할 만한 아무런 근거가 없다. 또 다윗에서 아브라함까지는 마태의 족보와 부합하기 때문에 문제가 없다.

문제는 누가가 쓴 족보의 첫 번째 부분에서 나온다. 마태는 일반적인 족보에서와 같이 다윗의 아들인 솔로몬을 통한 후손들의 족보를 추적하는 반면에 누가는 특이하게도 다윗의 또 다른 아들인 나단을 통한 후손들의 족보를 추적하고 있기 때문이다. 결과적으로 족보에 실린 이름들이 다르게 나타난다.

이 두 족보가 서로 다르다는 사실은 문제가 없다. 우리는 다윗의 두 다른 아들이 어떻게 두 개의 다른 가계를 형성했는지를 이해할 수 있다.

그런데 문제는 마태와 누가가 각각 요셉을 두 다른 가계의 후손이라고 주장한다는 것이다. 누가는 요셉이 헬리의 아들이라고 주장한다(눅 3:23). 이와는 대조적으로 마태는 야곱의 아들이라고 말한다(마 1:16).

> 예수께서 가르치심을 시작하실 때에 삼십 세쯤 되시니라 사람들이 아는 대로는 요셉의 아들이니 요셉의 위는 헬리요(눅 3:23).

> 야곱은 마리아의 남편 요셉을 낳았으니 마리아에게서 그리스도라 칭하는 예수가 나시니라(마 1:16).

당연히 둘 다 동시에 사실이 될 수 없다.

## 메이첸의 해법

이 문제에 대한 몇 가지 해법들이 제기되어왔다. 존 그레샴 메이첸(J. Gresham Machen)은 특유의 철저함을 가지고 문제들을 분석한 후에 이 두 족보가 사실 요셉의 두 족보라는 결론에 이른다.

메이첸은 마태는 실제적으로 왕위에 올랐던 다윗의 법

적인 후손들 다시 말해서 공적인 후손들의 족보를 말한 것이고 누가는 요셉을 낳은 실제적인 "조상들"의 족보를 말한 것이라고 주장한다.

메이첸은 마태의 족보는 분명히 실질적인 부자관계가 아닌 (직접적인 관계가 무엇이든 간에) 단지 왕위 계승자들의 명단을 보여주고 있다고 말함으로써 요셉의 아버지가 다른 이유를 설명하고 있다. 이러한 관점에서 보면 헬리는 요셉의 실질적인 아버지였을 것이다. 그러나 아마도 아들이 없었던 야곱은 "법적인"(공적인) 족보에서의 요셉의 바로 직전 선조였을 것이다.[1]

이러한 생각은 타당성이 있다. 마태는 분명히 왕위의 계승자들에 관하여 말하고 있으며 또한 그의 복음은 유대인들을 위한 것이기 때문이다. 심지어 그는 다윗으로부터의 족보를 "그 후손이 누구인가?"라고 물으면서 내려가는 방식으로 구성한다.

반면에 누가는 실제적인 부자관계에 관심을 가진다. 그래서 그는 자신의 족보를 요셉으로부터 시작하여 다윗에까

---

[1] J. Gresham Machen, *The Virgin Birth of Christ* (1930; reprint, London: James Clarke, 1958), 202-209. 『그리스도의 동정녀 탄생』(CLC).

지 "그의 아버지는 누구인가?"라고 물으면서 거슬러 올라가는 방식으로 구성한다.

메이첸은 다음과 같이 주장했다.

> 두 기록들 간의 조화는 다양한 많은 방법들에 영향을 줄 수도 있다. 그러나 전체적으로 볼 때 우리는 마태가 의도적으로 불완전한 방식으로 다윗 왕가의 계승자들의 명단을 주고 있으며, 누가는 나단의 가계를 통한 다윗까지의 요셉의 선조들을 역추적하고 있다는 사실에서 해결의 열쇠가 발견될 것이라고 생각하는 경향이 있다. 그러므로 이 족보들은 예수님의 탄생과 유아기에 관한 마태와 누가의 기록들 간의 모순을 드러내는 자료로 사용될 수 없다.[2]

이는 매우 타당한 이론이며 맞을 수도 있을 것이다. 그러나 나는 한 가지 문제를 제기한다.

메이첸의 이론에 따르면 상대적으로 느슨한 족보는 마태의 것이다. 그에 따르면 마태의 족보는 필수적으로 아버지로부터 아들에 이르는 실질적인 조상에 관하여 말하고 있지 않다. 반면에 누가의 족보는 실질적인 부자관계에 관하여 말하고 있다.

---

2 Machen, *The Virgin Birth*, 209. 『그리스도의 동정녀 탄생』(CLC).

그러나 이것이 핵심이라면 마태가 "낳다"라는 말을 사용하여 아버지로부터 아들로 내려가는 것을 강조한 것은 주목할 만한 사실이다.

> 아브라함이 이삭을 낳고 이삭은 야곱을 낳고 야곱은 유다와 그의 형제들을 낳고(마 1:2).

반면에 누가는 단순히 "그 위는"을 말함으로써 관계를 나타내는데 훨씬 더 느슨한 방식을 사용하고 있다. 누가가 엄격하고 정확한 부자의 관계를 표현하고 있었다면 그야말로 "낳다"라는 말을 사용했어야하는 사람이다. 그리고 마태가 부자의 관계를 엄격하게 표현하고 있지 않았다면 그야말로 느슨한 형태를 사용했어야 하는 사람이다.

## 요셉의 족보와 마리아의 족보

내 판단으로는 더 좋은 해법이 있다. 두 족보를 각각 마리아와 요셉의 족보로 간주하는 것이다. 이로써 두 사람은 동일하게 다윗 왕의 후손이 되는 것이다.

이는 바로 베른하르드 베이스(Bernhard Weiss)와 스코틀랜드의 제임스 오어(James Orr)의 관점이다.[3] 여기서 나는 도날드 그레이 반하우스(Donald Grey Barn house)의 최근 저서에서의 전형적인 표현을 인용하고자 한다.

> 두 개의 족보가 있다. 그 족보는 아브라함부터 다윗까지는 병행하고 있지만, 마태는 다윗의 아들 솔로몬의 길을 취해 예수님께까지 내려온다. 즉 두 족보는 두 형제의 족보이며 그 자녀들은 친척들이다. 내가 누가의 족보를 동정녀 마리아의 것으로 마태의 족보를 요셉의 것으로, 언급하는 것은 (단지 제임스 오어가 언급한 것처럼) 지상교회에 지속적으로 전해지는 전통을 따름이 아니고 사실에 적합한 유일한 설명을 제시하는 것이다. 차이의 전체적인 요점은 솔로몬의 족보는 왕족의 족보이고 나단의 족보는 실질적인 족보라는 것이다.
>
> 예를 들면, 영국의 왕 조지 6세는 대영제국의 왕위에 대한 우선권을 가졌던 윈저 공이라는 형이 있었다. 윈저가 퇴임하기 전에 실질적인 왕비에 의한 아들을 가졌다고 추측

---

3  Bernhard Weiss, "Die Evangelien des Markus und Lukas," in H. A. W. Meyer, ed., *Kritisch-exgetischer Kommentar über das Neue Testament* (Göttingen: Vandenhoeck & Ruprecht, 1901), 331; James Orr, *"The Virgin Birth of Christ"* (1907), in *The Fundamentals*, ed. R. A. Torrey, A. C. Dixon et al. (Grand Rapids: Baker, 1972), 2: 247-60.

해보라. 분명한 다른 계승자가 없는 경우에 그 아이는 점차적으로 왕위에 대한 강력한 권리 주장을 할 수 있는 것으로 보인다. 조지 6세는 그가 통치하고 있었기 때문에 왕족의 족보 안에 있지만, 윈저의 자녀 중 누구라도 스스로 합법적인 족보를 잇는다고 주장할 수도 있다. 나단은 솔로몬의 형이었다. 그러나 동생이 왕위를 차지하였다. 수많은 세월이 흐른 후에 나단의 족보에서 드디어 동정녀 마리아가 태어나게 된다. 또한 동일하게 솔로몬의 족보에서 요셉이 태어나게 된다. 마태는 요셉이 예수님을 낳은 것은 아니지만 예수님을 출산한 마리아의 남편이라고 말한다(마 1:16). 그리고 누가는 사위라고 부를 때에 사용하는 (아들을 의미하는) 헬라어를 사용한다.

더욱 강력한 증명은 마태의 기록에 나오는 "여고냐"라는 이름 안에 있다. 이 이름은 예수님의 의붓아버지의 족보를 포함시켜야 하는 이유를 제공한다. 그 이유는 요셉이 예수님의 아버지가 아니라는 것을 증명하기 때문이다. 요셉이 예수님의 아버지라면 예수님은 메시아가 될 수 없다. "여고냐"라는 이름을 사용한 것은 예수님이 마리아의 아들이지만 요셉의 아들은 아니라는 결정적인 증거이다. 여고냐는 하나님의 저주로 인하여 자신의 후손 중 누구에게도 왕위를 물려주지 못하였다. 예레미야 22:30에 보면 "너희는 이 사람이 자식이 없겠고 그의 평생 동안 형통하지 못할 자라 기록하라 이는 그의 자손 중 형통하여 다윗의 왕위에 앉아 유다를 다스릴 사람이 다시는 없을 것임이라"(렘 22:30)라고 말한다. 이 사람의 일곱 아들 중 누구도 왕위를 소유한 적이 없다(대상 3:17-18). 이 사람의 어떤 육신의 아들도 하나님의 저주로 인하여 왕이 될 수 없었다. 예수님이 요셉의 아들이었다면 (성경에 의하면) 그 조상이 저주를 받았으므로 결코 메시아가 될 수 없었다.

반면에 나단의 족보는 왕족의 족보는 아니었다. 헬리의 아들은 나단의 족보에 이의를 제기하는 왕족의 족보가 있다는 사실에 직면해야 했을 것이다. 이러한 딜레마가 어떻게 해결되었는가? 이는 성경을 이리저리 쪼개기를 추구하는 회의론자에게 혼란을 초래할 정도로 아주 간단한 방식에서 해결된다. 그 내용은 다음과 같다. 아무런 저주를 받지 않는 족보에서 헬리와 그의 딸 동정녀 마리아 그리고 그녀의 아들 예수 그리스도가 나왔다는 것이다. 예수님은 나단의 족보를 필요로 하였으므로 누가는 그 족보를 샅샅이 다루고 있다. 저주를 받은 적이 있는 족보에서는 요셉이 나왔으므로 마태는 이 족보를 샅샅이 다룬다. 이를 통해 요셉의 진짜 아들들은 태어나기도 전에 법적으로 입양됨으로써 왕가의 계승자가 된 형을 가지게 되기 때문이다. 한 쪽은 저주를 받지 않았고 다른 쪽은 왕권을 가졌다.

성령이 인간 아버지의 도움이 없이 동정녀의 태에서 예수님을 낳으셨을 때 태어난 아기는 육신을 따라서는 다윗의 후손이었다. 그리고 요셉이 마리아와 결혼하여 태 안에 있는 아기를 자신이 돌보기로 결정하였을 때 조상 솔로몬을 통한 족보가 주어짐으로써 예수님은 합법적인 메시아, 왕으로서의 메시아, 저주받지 않은 메시아, 참 메시아 그리고 유일한 메시아가 되셨다. 두 족보는 다 철저히 다루어진다. 이 세상에 온 다른 누군가가 이러한 조건들을 충족한다고 고백한다면 그는 거짓말쟁이 혹은 마귀의 자식일 것이다.[4]

## 모든 성경은 유익하다

몇 가지 결론이 가능하다.

첫째, 이 문제는 우리에게 성경의 난제를 다루는 법을 가르쳐 준다. 때때로 보수신학자들 조차도 일치하지 않는 이와 같은 문제에 직면하면 해답이 없다고 생각한다. 그러나 문제에 관해 연구하고 숙고함으로써 어려움들은 해소될 수 있다. 이러한 경험은 다른 어려움들을 다룰 때에 우리가 인내를 갖도록 용기를 북돋는다.

몇 년 전에 한 성경 교사가 기차를 타고 저녁을 먹기 위해 식당 칸으로 갔다. 한 남자가 그의 맞은 편에 앉았다. 그는 무신론자였다. 앞에 있는 사람이 성경 교사라는 것을 알

---

4  Donald Grey Barnhouse, *Man's Ruin*, vol. 1 of *Expositions of Bible Doctrines* (Grand Rapids: Eerdmans, 1952), 45-47. 사용이 승인된 자료임.

게 된 무신론자는 자신이 성경에서 감지한 난제들을 늘어놓기 시작했다. 그렇게 하나씩 난제들을 던지며 공격을 하던 무신론자는 바로 식사를 하기 시작했다. 그는 뼈가 아주 많은 생선인 뉴잉글랜드산 대구를 먹고 있었으며 발라놓은 뼈들을 옆에 밀어 놓았다. 그리고 나서 무신론자는 다음과 같이 물었다. "당신은 성경에 있는 이 모든 난제들을 어떻게 하실 건가요?"

성경 교사는 이렇게 대답했다.

"당신이 지금 그 대구와 씨름하고 있는 것처럼 나도 어려움을 겪고 있습니다. 나는 고기를 먹을 겁니다. 그리고 목에 걸릴지도 모를 뼈들을 먹고 있는 바보 같은 이들에게 뼈를 밀어 둘 것입니다."

이와 같은 이야기를 통해 우리가 난제들을 붙잡고 씨름할 필요가 없다고 결론내린다면 물론 지나친 과장이 될 수 있다. 우리는 붙잡고 씨름을 해야한다. 우리는 할 수 있는 한 최고의 답을 주어야 한다. 그러나 한정된 지식의 양으로 인해 역사의 한 시점에서 우리가 풀 수 없는 어려움에 직면한다면 더 많은 자료들이 나올 때까지 임시적으로 그 문제를 옆으로 밀어 놓는 것은 겸손의 표시가 될 수 있다.

둘째, 이 문제는 우리에게 인내를 가지고 그리스도의 재림을 기다려야 함을 가르쳐 준다. 구약역사의 많은 세월을 지나오면서 사람들은 메시아를 고대하였다. 다윗의 각각의 후손들이 잠재적인 메시아였으며 사람들은 그들의 족보를 올바르게 유지하였다. 누가 왕위에 올라 다스릴 가능성이 있는지를 알기 원했기 때문이다. 그러나 여러 세대가 지난 후에도 여전히 메시아는 오지 않았다.

예수님이 베들레헴에서 태어난 것은 이미 오랜 기다림이 있은 후였다. 그리고 지속적으로 기다렸던 시므온과 안나 같은 사람들은 그분을 눈으로 직접 보았으며 그분의 오심을 기뻐하였다. 이와 유사하게 우리가 사는 이때에도 예수님의 재림은 지체되고 있는 것처럼 보인다. 그래서 회의론자들은 "주께서 강림하신다는 약속이 어디 있느냐 조상들이 잔 후로부터 만물이 처음 창조될 때와 같이 그냥 있다"(벧후 3:4)라고 말한다. 그러나 모든 것이 창조될 때처럼 변하지 않은 채로 지속되지 않았다. 예수 그리스도는 이미 오셨으며 곧 다시 오실 것이다. 이 사실을 알고 있기에 우리는 인내해야 하고 스스로의 방식과 때 안에서 행하시는 하나님을 신뢰해야 한다.

셋째, 이 문제는 우리에게 성경의 가치를 가르쳐 준다. 모든 성경의 가치이다. 디모데후서 3:16은 다음과 같이 말한다.

> 모든 성경은 하나님의 감동으로 된 것으로 교훈과 책망과 바르게 함과 의로 교육하기에 유익하니(딤후 3:16).

"모든"이라는 말은 이러한 족보들 조차도 포함한다! 우리는 그 족보들을 읽고 때때로 "이 말씀들은 어떤 가치들을 가질 수 있는가?"라는 의문을 가진다. 그러나 어떠한 상황에서도 그 족보들은 가치를 가지고 있으며 심지어 족보들이 갖고 있는 이러한 문제들 조차도 그리스도 안에서 사람들을 신앙으로 데려오기 위해 사용될 수 있다.

대학생선교회(Campus Crusade for Christ) 지역 책임자였던 롬 블랑클리는 어느 날 펜실베니아대학의 학생회관을 지나가다가 성경을 읽고 있는 한 학생을 보았다. 그는 에디오피아 사람에게 다가갔던 빌립의 접근방식을 떠올렸다. 그래서 그는 그 학생에게 다가가서 다음과 같이 물었다.

"지금 당신이 읽고 있는 것을 이해합니까?"

그 학생은 이렇게 대답했다. "아니요. 사실 난 이해하지 못하겠어요. 마태복음과 누가복음에 나오는 예수님의 족보를 읽고 있는데 이 둘이 마치 차이점이 있는 것처럼 보여서 이해하기 힘드네요."

블랑클리는 학생의 옆에 앉아 내가 이 책에서 설명한대로 족보들에 관해 설명하였다. 그리고 그러한 설명으로 인하여 그 학생은 예수 그리스도를 자신의 구세주로 믿게 되었다.

세상은 그리스도를 좋아하지 않는다. 그러므로 세상이 그리스도의 말씀을 좋아하지 않는 것은 놀라운 일이 아니다. 그러나 그리스도의 능력을 아는 우리는 또한 말씀의 능력을 안다. 그러므로 우리는 그 말씀을 연구하고 선포하는 것을 두려워하지 말아야 한다.

그리스도의 영이 많은 사람들을 주님께로 이끌기 위해 말씀을 통하여 일하실 것이다.

# The Christ of Christmas

## 6장

# 동정녀 탄생과 기독교 신앙

　내가 성탄절에 그리스도의 동정녀 탄생에 관한 시리즈를 처음으로 설교했을 때 한 학생이 매우 흥분하여 내게 다가왔다. 그는 동정녀 탄생에 관한 설교를 한 번도 들어본 적이 없었다. 그러나 그는 설교를 듣는 것이 매우 중요하다는 것을 깨달았다. 그는 이렇게 말했다.

　"저는 동정녀 탄생에 관한 말씀을 들어본 적이 없습니다. 목사님은 이유가 뭐라고 생각하세요?"

　나는 그 질문에 대해 곰곰이 생각했고 스스로에게 왜 동정녀 탄생이 이처럼 거의 다루어지지 않았는지 묻기 시작했다. 한 가지 대답은 아마도 동정녀 탄생이 신약성경에서 폭넓게 다루어지는 것이 아니라는 것이다. 또 다른 대답은 단순히 불신일 수도 있다는 것이다. 그러나 나는 그 질문에 관해 더 깊이 생각하면서 가장 큰 이유는 그것이 기독교 신앙과 어떻게 연관이 되는지 알기가 어렵기 때문임을 깨달았다. 동정녀 탄생은 성경 안에서 가르쳐질 수 있다. 복음주의자들은 분명히 그것이 진리라고 고백할 것이다. 그러나 그것이 다른 기독교 교리에 어떻게 연결이 되며 그리스도인의 삶에 어떠한 영향을 미치는지 아는 것은 어렵다.

동정녀 탄생은 영향력을 가지는가? 디모데후서 3:16은 우리에게 그렇게 생각하도록 이끈다.

> 모든 성경은 하나님의 감동으로 된 것으로 교훈과 책망과 바르게 함과 의로 교육하기에 유익하니(딤후 3:16).

이 말씀이 사실이라면 동정녀 탄생을 다루고 있는 성경의 말씀 또한 유익하다고 할 수 있다.

## 성경에 대한 우리의 견해

동정녀 탄생이 왜 그렇게 중요한가? 나에게 있어서 동정녀 탄생은 성경에 대한 우리의 관점, 특히 성경의 권위와 관련되어 중요한 의미가 있다. 그것이 왜 중요한지를 확인하는 것은 그리 어렵지 않다. 성경은 동정녀 탄생을 가르친다. 그래서 동정녀 탄생을 읽는 독자들이 직면해야 하는 질문은 "성경이 어떤 것을 가르칠 때 그것이 사실이냐?"라는 것이다. 그리고 "이 점에 있어서 믿을 수 있는가?", "그렇다면 마찬가지로 다른 점들에 있어서도 그런가?"와 같은 질문들이다.

오늘날의 신약 교수나 목회자들이 성경의 권위를 공공연하게 부인하는 현상은 그렇게 많이 발견되지는 않는다. 우리는 성경의 권위에 대해 급진적으로 입장을 표명하는 용감한 사람들의 시대에 살고 있지 않기 때문이다. 우리는 타협적으로 중간적인 입장에서 문제를 다루려 한다.

오늘날 우리는 보통 부분 영감 또는 부분 권위라는 명목으로 판단하는 관점을 취한다. 이러한 관점은 성경은 사실이지만 그 전부가 사실은 아니라고 본다. 오직 부분적으로만 사실이라는 것이다. 그래서 학자, 설교자, 기독교 평신도들이 해야 할 일은 성경을 읽을 때 어느 부분이 사실인가를 식별하는 것이다. 누군가가 성경을 이처럼 접근하게 되면 불행하게도 반드시 위험에 처하게 된다. 전체로서의 성경의 권위를 포기하게 되면 더 많은 것을 포기하는 경향이 생기게 되고 결국 사람들은 하나님이 성경을 통해 말씀하셨는지 혹은 성경이 어떤 다른 문서들보다 더 많은 권위를 가지는지까지 의심하게 될 것이다.

이것이 바로 헤럴드 린드셀(Harold Lindsell)이 자신의 책에서 주장하려 했던 요점이다.[1] 그는 위와 같은 접근방식에는 다음과 같은 순서가 있다고 말한다.

어떤 사람이 이제껏 근본주의 교회 혹은 가정에서 교육을 받았기에 이제부터는 성경에 대해 고등적인 관점을 가지고 대하고자 한다. 그러나 그 시대에 사용되는 성경에 대한 비평적 관점들에 노출됨으로 인해, 그는 특정한 문제에 대답을 찾는 데 있어서 많은 어려움을 갖게 된다. 그리고 다른 사람들에게 어리석은 사람으로 보이기 싫은 마음에서 "성경이 진리"라는 핵심을 유지하는 관점으로부터 떠나 성경은 전적으로 신뢰할 만하지만 어떤 것들은 그렇지 않다는 관점으로 물러서기 시작한다. 더 나아가 그는 성경이 교리, 삶과 연결되는 신앙, 실천의 문제에 있어서 오류가 없지만 역사와 과학의 문제에 있어서 그렇지 않다고 주장한다.

---

[1] Harold Lindsell, *The Battle for the Bible* (Grand Rapids: Zondervan, 1976).

신앙고백을 통해 성경이 신앙과 실천을 위한 오류가 없는 유일무이한 원칙이라고 말하는 것은 하나님의 말씀이 모든 것에 있어서 오류가 없는 안내서임을 의미한다. 그러나 위의 경우와 같은 사람들은 성경이 오직 부분적으로만 권위가 있다는 의미로 받아들인다. 이 사람들은 다음과 같이 말한다. "역사 또는 과학의 문제에 있어서 성경의 무오성은 중요하지 않기 때문에 포기할 수 있다. 성경이 우리에게 무엇을 믿어야 하고 어떻게 살아야 하는 지를 말하고 있다고 믿는 한, 우리는 아무런 문제도 없다."

그러나 린드셀은 모든 분야에서 성경의 권위를 포기하고 신앙과 실천이라는 두 개의 한정된 분야에서만 성경의 권위를 주장한다면 다음 단계는 실천 분야에서 성경의 권위를 포기하는 것이 될 수 있다고 말한다.

그렇게 되면 사람들은 다음과 같이 말할지도 모른다.

"우리는 여전히 기독교 교리를 믿고 있어. 그러나 우리가 어떻게 살고 또 어떻게 교회에서 행동할 것인지에 대해서는 성경이 말한 것에 전적으로 얽매일 필요가 없어. 성경이 역사와 과학에 관해서는 무오하지 않으므로 행함에 있어서도 무오하다고 생각해야할 이유는 없기 때문이지."

다음 단계는 교리에 대해서도 그렇게 생각하는 단계가 될 것이다. 그리고 곧 부분적인 불가지론이나 완전히 신앙이 없는 상태로 후퇴하게 될 것이다.

오래 전에 유명한 복음주의 신학교의 한 교수가 책 한 권을 편찬하였다. 그 책의 이름은 『성경의 권위』(*Biblical Authority*)이다. 이러한 제목의 책이라면 누구나 당연히 성경의 권위에 관한 내용이라 생각할 것이다. 그러나 이 책이 주는 메시지는 사람이 무오성이 빠진 성경의 권위를 가질 수 있다는 것이다. 이 교수는 성경은 어떤 점에서는 잘못될 수도 있지만 여전히 권위를 가지고 있다고 말한다.

이 책에 대한 반응으로 성경 무오에 관한 국제협의회에서 『성경적 권위의 토대』(*The Foundation of Biblical Authority*)라고 불리는 의미 있는 답변서를 편찬하였다. 이 책은 무오성이 성경의 진리를 보존하기 위한 필수적인 토대임을 보여준다.[2]

성경이 역사나 과학 그리고 동정녀 탄생의 문제에 있어서는 오류가 있을 수 있으나 신앙과 실천을 다룰 때에는 오

---

2 James Montgomery Boice, ed., *The Foundation of Biblical Authority* (Grand Rapids: Zondervan, 1978).

류가 없다는 논쟁을 가정해 보자. 내가 묻고자 하는 질문은 이것이다. 어떤 방식으로 우리는 이러한 부분들을 분별할 것인가?

당신은 다음과 같이 대답할 것이다. "그건 어렵지 않아요! 일부는 교리와 도덕들에 관한 것이고 또 다른 일부는 역사에 관한 것이지요."

그러나 세계의 다른 종교들과 달리 기독교의 독특한 특징은 바로 기독교가 역사적이라는 것이다. 기독교 교리에 관해 말할 때 하나님이 예수 그리스도 안에서 자신을 계시하셨고 예수 그리스도는 우리의 죄를 위하여 죽으셨다고 주장하는 것이 역사를 말하는 것이 아니라면 무엇을 말하고 있다는 것인가? 우리는 하나님이 진짜 사람인 나사렛 예수 그리스도 안에서 그리고 진짜 공간과 시간 안에서 자신을 계시하셨으며 다른 어떤 방법으로는 성취할 수 없었던 무언가를 역사 속에서 그리스도를 통해 성취하셨음을 말하고 있는 것이다. 이처럼 역사와 교리는 함께 얽혀 있다.

그리고 우리 스스로가 무엇이 오류가 있고 없는지 그리고 무엇이 권위가 있고 없는지를 구분해야 하는 위치에 있다고 한다면 진정한 권위는 하나님이 인간의 정신과 양심에 말씀하시는 성경에 있지 않고 우리 자신에게 있는 것이 된다. 다시 말해서 하나님이 아닌 우리 스스로가 믿어야 할 것을 결정하고 있는 것이다.

우리가 동정녀 탄생 교리가 사실인지 거짓인지를 묻는 것은 단순히 "예수님이 동정녀 탄생을 하셨는가?"라는 질문 그 이상의 것을 묻는 것이다.

이 질문은 사실 "성경에 대한 나의 관점이 무엇이며 더 나아가 기독교에 대한 나의 관점이 무엇인가?"라고 묻고 있는 것이다.

궁극적으로 선택은 다음과 같이 압축된다. 즉 성경 전체(기독교 전체)의 무오성을 확신하는 선택과 성경 전체(기독교 전체)의 무오성을 불신하는 선택으로 나누어 진다.

이는 물론 (필요에 의해서) 성경의 전적인 무오성에 대한 신앙을 저버린 사람들이 교리 전부를 저버리고 예수 그리스도를 전적으로 부인한다는 것을 의미하지 않는다. 그것은 사실이 아니다. 우리는 스스로의 전제에만 근거해서 지속적으로 움직이지 않는다. 그러나 분명한 것은 성경의 무오성을 의심하는 곳에는 항상 위험이 있다는 사실이다.

## 우리의 세계관

동정녀 탄생은 우리의 세계관과 관련해서도 중요하다. 내가 세계관이라고 말할 때 이는 전체적인 세계철학(a total world philosophy)을 의미한다. 철학에 있어서 가장 중요한 이슈는 우리가 닫힌 우주에 살고 있는지 혹은 열린 우주에 살고 있는지에 관한 문제이다.

우리가 가시적인 우주를 보고 그것을 통제하는 법칙들을 볼 때 떠오르는 기본적인 질문은 "보이는 것들이 과연 전부인가?"라는 것이다. 보이는 것이 전부라면 우리는 닫힌 우주를 가지게 된다. 이것이 바로 우리 시대의 지배적인 관점이다. 반면에 우리가 (닫힌 우주가 아닌) 하나님이 우리가 보는 것을 초월해 있는 우주를 다루고 계시다고 한다면 이는 열린 우주이며 바로 성경의 관점이다.

기독교와는 달리 우리의 문화는 점차적으로 닫힌 우주관을 향하여 움직이고 있다. 내가 믿기에는 그것이 바로 현재 몇몇 공상과학 영화가 아주 유명한 이유이다. 공상과학 영화에서는 생각과 경험이 얼마나 멋지고 환상적인가는 상관없이 결국 발견되는 것들은 모두 물질적이고 설명 가능한 것이다. 예를 들면, 스타트랙(Star Trek: Motion Picture)이란 영화가 있다. 이 영화는 하나의 힘이 지구를 향해 오고 있는 상황에서 그것을 막기 위해 노력하는 지구의 존재에 관한 것이다. 이 영화는 그러한 임무를 "그것의 창조자"를 위한 요청이라고 표현한다. 사람들은 그것의 창조자가 하나님이라고 예상한다. 그러나 모험이 끝나갈 즈음 사람들은 그것이 인간에 의해 만들어졌던 어떤 기계라는 것을 발견한다. 이 경우에 사람들은 스스로 창조자가 된다. 즉 그들 자신이 신이 된다.

기독교는 이와는 다른 어떤 급진적인 것을 말한다. 기독교가 말하고자 하는 바를 이해하지 못한다면 기독교를 전혀 이해하지 못하는 것과 같다. 우리는 점점 더 물질적으로 변하고 있는 세상에 살고 있다. 그러나 기독교에서는 물질 이상의 어떤 것이 있다고 말한다. 그 어떤 것은 바로 하나님이다.

하나님은 모든 물질의 창조자이시다. 그리고 하나님은 나사렛 예수님 안에서 우리에게 자신을 계시하신 분이시다. 예수님의 동정녀 탄생은 바로 이러한 사실에 대하여 증거한다.

잠시 동안 과학으로부터 떨어져서 기독교 용어 속으로 들어가 보자. 기독교 용어 안에서 당신은 어떻게 한 사람이 진정으로 열린 체계를 믿는지 시험해 볼 수 있는가? 당신은 그리스도의 신성을 믿는지에 관한 다음과 같은 질문을 통해 어떤 사람을 시험해 보고자 한다.

"그리스도의 신성을 믿나요?"

그 사람은 "네"라고 대답한다.

"예수님이 하나님의 아들이심을 믿나요?"

그 사람은 다시 "네"라고 대답한다.

그러자 당신은 "아주 좋아요! 당신은 성도이군요!"라고 말한다. 이러한 대답은 사실 여기서 그렇게 중요한 것이 아니다. 신성, 하나님의 아들 그리고 하나님이라는 단어들은 양면적이기 때문이다. 예를 들면, 단순히 "나와 당신이 하나님의 아들이라는 방식과 동일하게 나는 예수님이 하나님의 아들이시라는 것을 믿는다"라고 말할 수 있다. 그러나 이는 깊은 뜻을 담고 있지 않다.

내가 말하려는 요점은 동정녀 탄생은 그렇지 않다는 것이다. 동정녀 탄생은 우리에게 하나님이 역사 속으로 들어오셨음을 말한다. 이는 지금까지 일어났던 다른 어떤 일들과도 같지 않다. 우리 중 어느 누구도 그 일과 비슷한 경험을 해본 적이 없다. 그러므로 동정녀 탄생이 사실이라면 이는 하나님이 존재하시고 우리가 보는 체계 너머에 계심을 의미한다. 또한 하나님이 우리에게 관심을 갖고 계시며, 성육신을 통하여 그러한 관심을 보여주셨다는 것을 의미한다. 이러한 의미에서 동정녀 탄생은 우리의 세계관을 위해 필수적으로 중요하다.

## 예수님에 대한 우리의 관점

동정녀 탄생은 예수님에 대한 우리의 관점에 있어서도 중요하다. 동정녀 탄생에 대한 우리의 접근방식은 "그리스도가 동정녀에게서 나셨다면 그분은 하나님의 아들이시고, 그분이 말씀하신 것은 믿을만 하며, 그분이 하신 일은 신뢰할 수 있다. 그분은 우리의 구세주이시다"라고 말하는 것으로 그치지 말아야 한다.

나는 이러한 방식이 가장 좋은 접근방식이라고 생각하지 않는다. 이렇게 하는 것은 필수적인 기독론의 다른 측면들을 무시한채 동정녀 탄생을 다루기 때문이다. 내가 생각하기에 우리는 다음과 같이 접근해야 한다. 우리는 복음서들에서 나타난 그리스도의 인성을 취해야 한다. 그리고 다음과 같이 물어야 한다.

"예수님은 그 시대의 다른 인간들을 넘어서는 재능과 큰 능력을 소유하셨지만 여전히 인간에 불과한가? 아니면 인간 그 이상인가? 예수님은 인간이면서도 동시에 하나님이신가?"

우리가 그리스도인들처럼 신성의 측면에서 이러한 질문에 답한다면 우리는 동정녀 탄생을 되돌아 보게 될 것이고 그 교리가 이러한 정황에 있어서 전적으로 적절하다는 것을 발견하게 될 것이다. 우리가 그것을 이해하지 못할 수도 있다. 세상의 용어 안에서 우리는 어떻게 인간이 아버지 없이 태어날 수 있는지를 설명할 수 없다. 그럼에도 불구하고 예수님이 단순한 인간 이상이시라면, 예수님이 하나님이시라면, 동정녀 탄생은 전혀 불합리하거나 부적절한 것이 아니다.

이것이 바로 신학자들이 깨달은 바이다. 벤자민 워필드(B. B. Warfield)는 다음과 같이 말한다.

자신의 신성한 구원자로 예수님을 의지하는 사람은 동정녀 탄생이 자신의 신앙과 일치하고 신앙에 도움을 줄 뿐만 아니라 그것을 가정하는 것이 혼란과 혼동을 주지 않는다는 사실을 발견하게 된다.[3]

## 동정녀 탄생 그 자체

동정녀 탄생은 그 자체로도 중요하다. 동정녀 탄생은 성육신의 시기를 고정시켜준다. 이것이 왜 그렇게 중요한가? 성육신의 시기는 기독교 신학 안에 존재하는 성육신에 관한 다양한 측면에서 중요하다.

교회의 초기에 어떤 사람들은 하늘에 계신 그리스도가 평범한 인간으로 살고 있던 나사렛 "예수"라는 존재에 임하셨다고 생각했다. 그들은 그러한 일이 그 "예수"라는 존재가 세례 받을 때 일어났다고 가르쳤다. 이러한 독특한 신학에서 도출되는 결론은 하나님은 고통을 받으실 수 없다는 것이었다. 그래서 하늘의 그리스도는 십자가에 달리시기

---

3  B. B. Warfield, "The Supernatural Birth of Jesus," in *Biblical and Theological Studies* (Philadelphia: Presbyterian and Reformed, 1968), 168.

직전에 "예수"를 떠나셨다고 추측되었다.

대조적으로 동정녀 탄생은 예수 그리스도가 인간으로 사시는 동안에 하나님이 아니셨던 때가 한 순간도 없었음을 우리에게 말해 준다. 예수님은 항상 하나님이셨다. 그분은 처음부터 하나님이시면서 동시에 인간이셨다.

또한 동정녀 탄생은 그리스도가 어떻게 죄로부터 자유하셨는지를 보여주기 때문에 그 자체로 중요하다. 이러한 주제에 관해 말하는 데 있어서 한 가지 어려움이 있다. 이는 우리가 동정녀 탄생에 관해서 모르는 것이 많다는 것이다. 우리는 예수님이 어떻게 임신되었는지 모른다. 우리는 죄가 어떻게 한 인간으로부터 다른 인간에게 전가되었는지 모른다. 그럼에도 불구하고 동정녀 탄생은 예수님이 어떻게 죄로부터 자유하셨는지를 분명히 가르친다.

어떤 신학에 따르면 죄는 전가될 수 없으므로 동정녀 탄생이 아무런 의미가 없다고 한다. 각각의 사람은 스스로 죄를 짓는 독특한 개인이며 한 사람의 죄는 결코 다른 사람에게 영향을 주지 않는다는 것이다. 이러한 체계에서는 예수님이 죄의 문제 없이 자연적으로 태어날 수 있기 때문에 별다른 의미가 없다. 예수님이 동정녀 탄생을 거치실 필요도 없다. 그러나 어거스틴의 신학체계에서는 이것은 불가능하다. 모든 인간은 스스로의 죄뿐만 아니라 아담의 죄로 인해서도 정죄되었기 때문이다. 어거스틴의 신학에 따르면 아담의 정죄는 그와 생물학적인 관련을 가진 인류에게 전가되었다. 이러한 체계에서 동정녀 탄생은 예수님이 아담의 후손들에게 주어진 죄의 본성이나 저주를 상속하지 않았다는 것을 보여주기 때문에 매우 중요하다.

## 필요한 교리

처음으로 돌아가 보면 문제는 "누군가가 그리스도인이면서도 동정녀 탄생을 부인할 수 있느냐"가 아니었다. 문제는 간단히 말하면, "사람이 동정녀 탄생을 거의 믿지 않는데 여전히 그리스도인일 수 있느냐?"였다. 내 생각에는 사람이 예수님의 동정녀 탄생을 거의 믿지 않는다 해도 그리스도인이 될 수 있다. 가장 필요한 한 가지는 자신이 죄인이며 하나님의 아들이신 예수님이 자신을 대신하여 죽으셨음을 아는 것이다. 이것이 바로 기본적으로 모든 사람이 알아야 하는 것이다. 그리고 진짜 질문은 "동정녀 탄생이 그리스도인이 되기 위해서가 아니고 기독교를 위해서 필수적이냐?"이다. 바로 이러한 질문에 대하여 우리는 강조하여 "분명히 그렇습니다!"라고 답해야 한다.

기독교는 마구잡이식 진리들의 집합체가 아니다. 기독교는 진리 그 자체이다. 기독교의 어떤 부분을 축소하려는 시도는 충분한 시간이 지나면 불가피하게 나머지 부분에도 영향을 주게 된다. 특정한 이유로 이런저런 교리들을 하나씩 포기하게 되면 결국에는 나머지 교리에도 영향을 주기 마련이다. 그리고 기독교와 우리의 신앙은 그 영향으로 인하여 점점 더 약해지게 될 것이다. 우리가 묻고자 하는 것은 바로 "하나님의 말씀이 이러한 진리를 가르치느냐?"일 것이다. 그렇다면 우리는 그것을 믿고 더 나아가 그에 대한 더 많은 이해를 구하기 위해 하나님께 눈을 돌려야 한다.

캔터베리의 안셀름(Anselm)은 이와 관련하여 "이해를 추구하는 신앙"이라는 뜻을 가진 "Fides quarens intellectum"이라는 표현을 사용했다. 이것이 바로 우리가 원하는 것이다. 우리는 먼저 믿고 그 다음으로 하나님의 말씀을 신중히 연구함으로써 온전한 이해로 나아가야 한다.

The Christ of Christmas

# 3 첫 번째 성탄절

# The Christ of Christmas

## 7장

# 구유 속의 왕

　모든 사람에게는 생일이 있다. 그리고 적어도 당사자들과 그의 가족들은 생일을 기억한다. 그러나 어떠한 생일도 예수 그리스도의 생일만큼 널리 기억된 적은 없다.

　우리는 예수님이 12월 25일에 태어났다는 실질적인 증거가 없다는 것을 안다. 사실상 우리가 알고 있는 한 작은 증거는 12월 25일을 지지하지 않는다. 우리는 목자들이 들판에서 양을 치고 있을 때 예수님이 탄생하셨다는 소식이 전해졌음을 알고 있다. 그런데 일반적으로 유대에서는 오직 늦은 3월부터 9월 사이, 즉 봄과 여름에만 양을 친다.

　사실 우리가 알고 있는 예수님의 탄생일은 초기 1세기 기독교 동안에 합의로 수립되었으며 전통으로 보존된 것이다. 그러나 이것은 그렇게 중요한 것이 아니다. 중요한 것은 예수님이 태어나셨다는 것이며 흥미롭게도 아주 많은 사람들이 그분의 탄생을 기억한다는 것이다.

이것이 왜 중요한가? 상당수의 사람들은 자신들이 그리스도인이고 예수님을 사랑하며 소중히 여기기 때문에 그분의 탄생을 기억한다. 그러나 많은 사람들이 그리스도인이 아니지만 여전히 성탄절을 기념한다. 왜 예수님의 탄생이 수많은 사람들의 마음과 상상력을 사로잡았는가?

## 성탄절의 역설들

이 질문에 대한 대답은 성탄절 이야기의 몇 가지 역설들 안에서 발견된다. 우리는 그중 하나를 상세하게 다루고자 한다.

한 아기의 탄생의 기록에 있어서 한 가지 분명한 역설은 미혼모에 대한 순결의 문제이다. 결혼하지 않은 한 소녀에 의한 한 아기의 탄생은 비극적이긴 하지만 놀랄 만하거나 대단한 것은 아니다. 깊은 괴로움에 빠진 소녀와 슬픔과 비탄으로 인해 정신이 없는 부모에 관한 이야기는 흔히 알려져 있다. 그러나 성경의 동정녀 탄생 이야기의 분위기는 고통과 비탄을 담고 있지 않다. 오히려 순결함이 있다. 이 이야기는 우리에게 천사의 소식을 듣고 괴로워하면서도 "나는 남자를 알지 못하니 어찌 이 일이 있으리이까?"(눅 1:34)라고 천진스럽게 묻는 마리아의 순결을 말해 준다. 그리고 아버지가 아니지만 천사의 소식을 믿고 예수님이 태어나실 때까지 마리아의 방패막이 되어주었던 요셉의 순결도 말해 준다.

또 다른 역설은 원래는 비극적이어야 하는 상황이 기쁨으로 가득한 이야기가 되었다는 것이다. 마리아는 흥분한 대중들에게 끌려가 심지어 죽음을 당할 수도 있었다. 당시 이스라엘에서 간음에 대한 처벌은 돌로 쳐서 죽음에 이르게 하는 것이었기 때문이다. 그녀는 제정신을 차리지 못하고 몹시 괴로워 했을지도 모른다.

그러나 마리아가 자신의 사촌 엘리사벳에게 믿어지지 않는 소식을 나누기 위해 갔을 때 엘리사벳은 즉시 하나님께 영광을 돌리고 마리아에게 임한 축복을 찬양하기 시작했다. 그리고 마리아는 그에 대해 경배의 위대한 찬양으로 화답했다.

동정녀 탄생 이야기에는 이외에도 몇 가지 역설이 더 있다. 예를 들면, 분명히 높은 위상을 지녔고 영광을 받아 마땅한 존재인 천사가 고대 유대사회에서 가장 낮은 계층에 속한 목자들에게 아기 탄생을 알려주는 장면이 있다.

또한 예수님이 자신이 속한 사람들에게는 외면당하시는 반면에 이방인인 동방박사들에게는 경배를 받으시는 장면이 있다. 그리고 아기 예수님도 하나의 역설이다. 살기 위해 태어난 다른 아기들과는 달리 아기 예수님은 죽기 위해서 태어나셨다.

이와 같은 역설들로 채워진 이 위대한 이야기 안에는 사실 그 어느 역설 보다도 두드러지고 눈에 띄는 역설이 하나 있다. 그 역설은 바로 아기 예수님은 가난한 부모에게서, 마구간 안에서 그리고 구유와 같은 열악한 환경 가운데 태어나셨지만 사실 그분은 최상의 존재들의 광채를 능가하시는 영광의 하나님이시라는 사실이다. 여기 비천한 곳에 한 아기가 있다. 그분은 만왕의 왕이시고 만유의 주이시다. 그분은 마구간에 계시는 하나님이시다. 그분은 스스로 비천한 육축들 가운데 계시는 우주의 최고 주권자이시다.

이것이 바로 "임마누엘"이라는 성육신의 역설이다!

## 가이사와 그리스도

성경의 저자들은 이러한 역설들을 알고 있었다. 사실 성탄절의 이야기를 연구해보면 우리는 곧 저자들이 이 역설들을 알고 있었을 뿐만 아니라 이것들을 강조하였음을 발견하게 된다. 우리는 누가복음의 탄생 이야기에 관한 구절에서 이 사실을 분명히 확인할 수 있다.

> 그 때에 가이사 아구스도가 영을 내려 천하로 다 호적하라 하였으니 이 호적은 구레뇨가 수리아 총독이 되었을 때에 처음 한 것이라 모든 사람이 호적하러 각각 고향으로 돌아가매 요셉도 다윗의 집 족속이므로 갈릴리 나사렛 동네에서 유대를 향하여 베들레헴이라 하는 다윗의 동네로 그 약혼한 마리아와 함께 호적하러 올라가니 마리아가 이미 잉태하였더라 거기 있을 그 때에 해산할 날이 차서 첫아들을 낳아 강보로 싸서 구유에 뉘었으니 이는 여관에 있을 곳이 없음이러라(눅 2:1-7).

여기서 역설은 세 가지 방식으로 강조된다.

첫째, 당시 세계 최강의 지도자였던 가이사 아구스도(옥타비아누스)에 대한 언급이다. 줄리어스 시저는 루비콘 강을 건

너 로마를 향해 진격했다. 그로부터 얼마 지나지 않아 시저는 암살을 당하게 되었다. 이후 내전이 일어났고 전쟁에서 안토니우스와 옥타비아누스는 부르투스와 카시우스를 꺾고 승리를 쟁취하였다. 그런 후에 안토니우스와 옥타비아누스 사이에 전쟁이 있었다.

이러한 20여 년간의 혼란이 있은 후 제국의 유일한 통치자인 옥타비아누스가 평화를 수립하는 문턱에 도달하였다. 심지어 옥타비아누스가 승리자임을 증명한 것은 내전에서만이 아니었다. 그는 또한 제국의 모든 변방의 침입자들, 바다의 해적들과의 전쟁도 해결하였다. 그는 "로마의 평화"(Pax Romana)를 수립하였다. 그의 통치하에서 원로원, 사법기관 그리고 의회가 자신들의 기능을 재개함으로써 공화정을 어느 정도 회복시켰다. 로마는 번성하기 시작했고 부와 영광은 자연스럽게 수도로 흘러 들어왔다.

이것이 누가가 그리스도의 탄생에 관한 이야기를 시작하면서 언급한 내용이다. 그래서 누가의 시대에 살았던 사람들에게 있어서 권세, 명성, 영광을 소유한 가이사 아구스도와 연약함, 무명, 비천함 속에 태어난 베들레헴의 한 아기 사이의 대비는 우리에게 있어서 아주 극명하게 다가온다.

둘째, 누가복음 2:1-7에서 언급된 다섯 명의 인물들이 지닌 신분의 하향 이동이다. 우리는 가이사뿐만 아니라 수리아의 총독인 구레뇨, 마리아와 요셉 등이 언급되는 것을 본다. 사회구조의 최고 위치에는 가이사가 있고 구레뇨 역시 (가이사보다는 훨씬 밑이지만) 명망과 권력을 소유한 사람이다. 그 다음으로 요셉은 갈릴리 나사렛에서 노동자에 불과하기에 이들보다 훨씬 더 밑에 있다. 그 다음으로 여자이기에 (그 당시의 가치에 비례하여) 더 아래인 마리아가 있다. 그리고 사회적인 잣대에서 마지막이자 가장 낮은 곳에 위치한 아기 예수님이 있다.

아기 예수님은 가장 높은 사회 구조에 위치한 가이사로부터 가장 멀리 떨어져 있는 가난한 자들 중에서도 가장 가난한 아기에 불과했다. 그러나 그 아기는 사실 권위와 위엄에 있어서 가이사보다 무한히 위에 있다.

셋째, 예수님의 탄생 주변에 얽힌 세부 사항에 대한 언급이다. 이미 시사한 바와 같이 예수님의 탄생을 둘러싼 모든 환경과 인물들은 모두 미천하다. 천사가 베들레헴 근처에 나타났던 그 밤에 가이사는 로마의 황금 침대 위에서 비단 금침을 덮고 자고 있었을 것이다. 그는 하인들의 보살핌과 근위병, 로마 군대의 보호를 받고 있었을 것이다. 반면에 아기 예수님은 강보에 싸인 채 구유에 누워계셨다. 그리고 그 아기의 수행원들은 고작 짐승들이었다.

## 여덟 가지 대조

지금까지 살펴본 역설들은 틀림없이 많은 세대에 걸쳐 사람들에게 성탄절 이야기가 전해지도록 돕는 역할을 해왔지만 우리는 아직도 관련된 내용을 철저히 다루어 본 적이 없다. 하나님의 말씀의 온전한 가르침을 따르기 위하여 예수님은 영광의 최고 위치로부터 이처럼 낮은 위치까지 내려오셨다. 그리고 이를 통해 예수님은 우리를 비천하고 낮은 위치에서 그분의 영광의 위치로 들어 올리고자 하셨다. 사도 바울은 고린도후서 8장에서 이 사실을 언급한다.

> 우리 주 예수 그리스도의 은혜를 너희가 알거니와 부요하신 이로서 너희를 위하여 가난하게 되심은 그의 가난함으로 말미암아 너희를 부요하게 하려 하심이라(고후 8:9).

이는 "The Bible Study Hour"라는 프로그램에서 도널드 그레이 반하우스(Donald Grey Barnhouse)가 전한 "성탄절의 대조"라는 메시지를 떠올리게 한다.

이 메시지는 아주 흥미롭다. 반하우스가 발전시킨 여덟 가지 대조 모두는 성탄절의 역설들을 적절하게 설명하기 때문이다.

첫째, 누가복음 2:11과 요한복음 1:12의 대조가 있다. 두 구절은 모두 탄생을 다룬다. 하지만 누가복음 2:11에서는 천사들이 목자들에게 나타나 구주의 탄생을 말하는 반면 요한복음 1:12은 예수님을 믿는 자들에게 임하는 새로운 탄생에 관해 말하고 있다.

> 오늘 다윗의 동네에 너희를 위하여 구주가 나셨으니 곧 그리스도 주시니라(눅 2:11).

> 영접하는 자 곧 그 이름을 믿는 자들에게는 하나님의 자녀가 되는 권세를 주셨으니(요 1:12).

요점은 예수님이 인간으로 태어나심으로써 그분을 믿는 우리가 하늘로부터 태어남을 겪게 된다는 것이다.

둘째, 누가복음 2:7과 요한복음 14:2의 대조가 있다.

> 첫아들을 낳아 강보로 싸서 구유에 뉘었으니 이는 여관에 있을 곳이 없음이러라(눅 2:7).

> 내 아버지 집에 거할 곳이 많도다 그렇지 않으면 너희에게 일렀으리라 내가 너희를 위하여 거처를 예비하러 가노니(요 14:2).

예수님이 마구간 안에 있는 구유를 자신의 자리로 삼으신 것은 우리에게 하늘의 집을 주시기 위함이다.

셋째, 마태복음 2:11과 갈라디아서 3:26의 대조가 있다.

> 집에 들어가 아기와 그의 어머니 마리아가 함께 있는 것을 보고 엎드려 아기께 경배하고 보배합을 열어 황금과 유향과 몰약을 예물로 드리니라(마 2:11).

> 너희가 다 믿음으로 말미암아 그리스도 예수 안에서 하나님의 아들이 되었으니(갈 3:26).

예수님은 한 인간 가족의 일원이 되심으로써 우리로 하여금 하나님 가족의 일원이 되게 하셨다.

넷째, 누가복음 2:51과 갈라디아서 5:1의 대조가 있다.

> 예수께서 함께 내려가사 나사렛에 이르러 순종하여 받드시더라 그 어머니는 이 모든 말을 마음에 두니라(눅 2:51).

> 그리스도께서 우리를 자유롭게 하려고 자유를 주셨으니 그러므로 굳건하게 서서 다시는 종의 멍에를 메지 말라(갈 5:1).

예수님은 스스로를 다른 사람에게 복종시킴으로써 (우리 안에서 역사하시는 그리스도의 영의 능력으로) 우리를 자유하게 하셨다.

다섯째, 빌립보서 2:6-7과 베드로전서 5:4 사이의 대조가 있다.

> 그는 근본 하나님의 본체시나 하나님과 동등됨을 취할 것으로 여기지 아니하시고 오히려 자기를 비워 종의 형체를 가지사 사람들과 같이 되셨고(빌 2:6-7).

> 그리하면 목자장이 나타나실 때에 시들지 아니하는 영광의 관을 얻으리라(벧전 5:4).

예수님은 자신의 영광을 내려놓으심으로써 우리가 영광을 얻게 하셨다.

여섯째, 마태복음 8:20과 고린도후서 8:9의 대조가 있다. 마태복음 8:20은 지상사역 동안에 예수님이 겪으신 고난과 가난을 말하고 고린도후서 8:9은 우리가 예수님으로 인해 부요해짐을 말한다.

> 예수께서 이르시되 여우도 굴이 있고 공중의 새도 거처가 있으되 인자는 머리 둘 곳이 없다 하시더라(마 8:20).

> 우리 주 예수 그리스도의 은혜를 너희가 알거니와 부요하신 이로서 너희를 위하여 가난하게 되심은 그의 가난함으로 말미암아 너희를 부요하게 하려 하심이라(고후 8:9).

일곱째, 누가복음 2:16과 누가복음 15:10 사이의 대조가 있다. 누가복음 2:16이 예수님의 탄생을 목자들이 기뻐하며 환영하는 것을 말하는 반면 누가복음 15:10은 우리가 거듭날 때에 천사들이 크게 기뻐함을 말한다.

> 빨리 가서 마리아와 요셉과 구유에 누인 아기를 찾아서(눅 2:16).

> 내가 너희에게 이르노니 이와 같이 죄인 한 사람이 회개하
> 면 하나님의 사자들 앞에 기쁨이 되느니라(눅 15:10).

여덟째, 마태복음 2:13과 히브리서 2:14-15의 대조가 있다. 마태복음 2:13은 사악하고 위선적인 왕 헤롯이 아기 예수님을 찾아 죽이도록 명령한 것을 말하고 히브리서 2:14-15은 예수님이 우리를 쫓는 마귀를 멸하신 것을 말한다.

예수님은 이처럼 악한 통치자에게 쫓김을 당하셨다. 그리고 이로써 우리를 쫓는 훨씬 더 위험하고 악한 통치자들은 멸망하게 되었다.

> 그들이 떠난 후에 주의 사자가 요셉에게 현몽하여 이르되
> 헤롯이 아기를 찾아 죽이려 하니 일어나 아기와 그의 어머
> 니를 데리고 애굽으로 피하여 내가 네게 이르기까지 거기
> 있으라 하시니(마 2:13).

> 자녀들은 혈과 육에 속하였으매 그도 또한 같은 모양으
> 로 혈과 육을 함께 지니심은 죽음을 통하여 죽음의 세력을
> 잡은 자 곧 마귀를 멸하시며 또 죽기를 무서워하므로 한
> 평생 매여 종 노릇 하는 모든 자들을 놓아 주려 하심이니
> (히 2:14-15).

이처럼 대조적인 본문들을 함께 놓을 때 우리는 한 가지 큰 규칙을 발견하게 된다.

우리는 예수님이 우리에게 새로운 영적인 탄생을 주시기 위하여 인간으로의 탄생을 견뎌내셨음을 발견한다.

우리가 하늘의 집을 차지할 수 있도록 예수님은 마구간에 거하셨다. 우리가 하늘의 아버지를 가질 수 있도록 예수님은 세상의 어머니를 가지셨다. 우리가 자유할 수 있도록 예수님은 종이 되셨다. 우리가 부유할 수 있도록 예수님은 가난하게 되셨다. 우리에게 영광을 주기 위하여 예수님은 자신의 영광을 내려놓으셨다. 우리를 사탄의 손아귀로부터 구하시기 위하여 예수님은 헤롯에게 쫓김을 당하셨다. 우리가 거듭날 때에 천사의 환영을 받는 것처럼 예수님은 태어나실 때에 목자들의 환영을 받으셨다.

이것이 성탄절 이야기 안에 담겨 있는 위대한 역설들이다. 그리고 이 역설들은 성탄절 이야기를 거부할 수 없을 만큼 끌리게 만드는 요소이다.

성탄절 이야기 안에 담겨 있는 역설들은 우리의 유익을 위하여 하나님이 치르신 역할의 뒤바꿈을 적나라하게 보여 준다.

## 세 가지 교훈

성탄절 이야기의 역설들을 우리가 이해하고 우리의 삶 속에서 실천한다면 그것들은 훌륭한 교훈으로서 역할할 수 있다.

첫째, 그리스도인은 보이는 것으로 판단해서는 안된다. 우리는 의사나 변호사, 유명인과 같이 세상에서 중요한 위치에 있는 사람들을 특별하게 생각하는 경향이 있다. 그러나 성경은 이러한 행위에 대하여 다음과 같은 말로 꾸짖고 있다.

> 너희끼리 서로 차별하며 악한 생각으로 판단하는 자가 되는 것이 아니냐 내 사랑하는 형제들아 들을지어다 하나님이 세상에서 가난한 자를 택하사 믿음에 부요하게 하시고 또 자기를 사랑하는 자들에게 약속하신 나라를 상속으로 받게 하지 아니하셨느냐(약 2:4-5).

그리스도의 나심이 우리에게 가르쳐주는 교훈은 바로 하나님이 가장 비천한 껍데기 안에 가장 위대한 선물을 감추셨다는 것이다. 그분은 독생자를 구유 안에 놓으셨다.

둘째, 그리스도인은 시작만으로 끝을 판단해서는 안된다. 예수님의 탄생 이야기의 끝은 모든 피조물들이 하나님을 찬양하기 위하여 나아온다는 계시록의 위대한 구절들 속에서 발견된다.

네 생물과 이십사 장로들은 어린 양 앞에 얼굴을 대고 땅에 엎드려 새 노래를 부른다.

> 그들이 새 노래를 불러 이르되 두루마리를 가지시고 그 인봉을 떼기에 합당하시도다 일찍이 죽임을 당하사 각 족속과 방언과 백성과 나라 가운데에서 사람들을 피로 사서 하나님께 드리시고 그들로 우리 하나님 앞에서 나라와 제사장들을 삼으셨으니 그들이 땅에서 왕 노릇 하리로다(계 5:9-10).

천사들도 노래한다.

> 큰 음성으로 이르되 죽임을 당하신 어린 양은 능력과 부와 지혜와 힘과 존귀와 영광과 찬송을 받으시기에 합당하도다 하더라(계 5:12).

그런 후에 모든 피조물들이 예수님을 경배하며 말한다.

> 내가 또 들으니 하늘 위에와 땅 위에와 땅 아래와 바다 위에와 또 그 가운데 모든 피조물들이 이르되 보좌에 앉으신 이와 어린 양에게 찬송과 존귀와 영광과 권능을 세세토록 돌릴지어다 하니(계 5:13).

온 우주와 모든 세상 역사 안에서 예수님의 위치보다 더 높은 위치는 결코 있을 수 없다. 그러나 그 어느 누가 수천 년 전의 초라하고 비천한 시작에서 이러한 끝을 상상할 수 있었을까?

신앙생활을 하면서 복음을 확장시키고자 할 때 초라하고 미약한 시작으로 인하여 결코 낙심하지 마라. 하나님은 언제나처럼 여전히 당신과 함께 하신다. 초라하고 비천한 시작에서도 하나님은 당신과 함께 하신다. 그리고 그분의 복음은 여전히 과정 중에 있다.

하나님은 언젠가 우리가 예수님처럼 될 것이라고 우리에게 말씀하셨다. 그리고 하나님의 말씀이 헛되이 돌아오지 않을 것이라고 약속하셨다.

당신의 마음을 붙잡으라. 시작에서는 결코 이러한 끝을 알 수 없다.

## 낮아짐을 사랑하라

셋째, 그리스도인은 성육신의 메시지를 통해 우리 스스로를 낮추고 다른 사람들을 섬겨야 한다는 것을 배워야 한다. 성탄절에 우리는 때때로 이러한 주제에 관하여 상당히 감정적이 되거나 심지어 감상에 젖기까지 한다.

우리는 예수님이 태어나실 때부터 사람들에게 거부당하셨음을 안다. 우리는 그 사람들과 같지 않다고 생각한다. 우리는 이렇게 노래한다. "주 예수여 내 마음에 오소서. 내 마음 속에는 당신을 위한 방이 있습니다." 그러나 가끔씩 이러한 노래는 진심이 없는 노래로 들리곤 한다. 진정성이 있는 노래라고 한다면 우리는 우리의 마음 속에 예수님뿐만 아니라 다른 사람들을 위한 방을 가졌을 것이다.

예수님은 우리를 위하여 자신을 비우셨다. 우리를 돕기 위하여 자신의 큰 영광을 내려놓으셨다. 우리는 도움이 필요한 이들을 위하여 우리의 특권을 내려놓는가? 우리는 사실 일년 내내 어려운 형편의 사람들을 생각하고 도와야 한다. 그러나 우리는 성탄절이 되어서야 겨우 어려운 형편의 사람들을 생각한다. 우리는 우리의 파티에서 우리의 가족과 우리만의 좋은 시간을 가진다. 그러나 우리가 속한 공동체에는 말 그대로 이러한 기쁨에 참여하지 못하고 성탄절에 더 깊은 외로움을 느끼는 사람들로 가득하다.

당신은 "성탄절에 외로움을 느껴요?"라고 물을지도 모른다. 그렇다. 성탄절은 수많은 사람들에게 한해에 오히려 가장 힘든 시간이다. 어떤 사람들은 가족과의 시간을 즐기기도 하지만 또 어떤 사람들은 홀로 남겨져 슬픈 기억들을 떠올리기도 한다. 누군가에게는 사랑하는 남편, 아내, 아들, 딸이 죽은 후에 맞는 첫 번째 성탄절일 수도 있다. 그들은 들려오는 모든 캐럴, 사람들의 미소 그리고 "메리 크리스마스!"라는 인사를 통해 자신들의 상실을 떠올린다. 건강이 좋지 않아 함께 어울리지 못하는 사람들도 있다. 또 외국 학생들이나 성탄절에도 일을 해야 하는 사람들, 결혼 실패로 인하여 자신의 아이들과 헤어진 사람들이 있다. 이들 모두는 내버려져 있다.

당신은 성탄절에 이와 같은 상황에 있는 외국 학생들, 독거 노인들, 가난한 노숙자들 그리고 당신의 호의를 갚을 수 없을 만큼 어려운 처지에 있는 사람들 중 한두 명만이라도 초대할 수 없는가?

당신은 "좋아요. 그러나 성탄절은 가족과 함께 하는 시간이라서 그러한 사람들을 초대함으로 그 시간을 망치고 싶진 않아요"라고 대답할지도 모른다.

이것이 당신의 생각이라면 당신도 또한 내버려져 있다는 것을 기억하라. 당신은 두 가지 이유에서 성탄절로부터 내버려져 있는 것이다.

첫째, 당신은 이방인이고 그리스도는 이스라엘의 메시아이다.

둘째, 당신은 죄인이고 죄로 인하여 하나님의 복을 얻지 못한다.

그리스도는 당신을 그 복에 포함시키기 위하여 오셨다. 그분은 불결하고 거룩하지 못한 당신이 죄사함을 받고 거룩해지도록 당신을 위하여 죽으셨다.

당신이 예수님을 알고 그분을 사랑한다면 당신은 다른 사람에게 손을 내밀어야 한다.

**8장**

# 빈 방 없음

　예전에 한 유명한 성경 교사가 성탄절 텔레비전 프로그램에 초대를 받았다. 그 프로그램은 "2,000년 전 예수님의 오심"이라는 주제를 가지고 토의하는 프로그램이었다. 방송 시간이 되어 참여자들은 모였고 진행자는 성탄절 이야기가 얼마나 아름다운지 그리고 세상이 오래 전부터 아기 예수님의 오심을 얼마나 간절히 기다렸는지를 언급하면서 토의를 시작하였다.

　많은 이야기들이 오고 갔다. 그리고 성경 교사가 말할 차례가 되었다. 그는 진행자의 오프닝 멘트로 돌아가서 진행자의 말에 모순이 있기 때문에 정확하게 짚고 넘어가야 할 필요가 있다고 말했다. 그는 다음과 같이 말했다.

　"세상은 아기 예수님을 간절하게 기다리지 않았습니다.

오히려 태어나신 그분을 위한 방조차 준비하지 못할 정도로 자신들의 일로 바빴습니다. 그분은 결국 마구간에서 태어나셨습니다. 게다가 하나님이 목자들에게 (탄생의 소식을 알리기 위해) 천사들을 보내지 않으셨거나 동방박사들을 인도할 별을 보내지 않으셨다면 아무도 그분의 탄생을 알아보지 못했을 것입니다".

계속해서 그는 그 상황은 오늘도 변함없음을 지적했다.

"사람들은 성탄절에 아기 예수님께 대하여 감정적인 마음을 표현하면서도 자기 일과 즐거움에 계속해서 빠져 있습니다. 그리스도께 진정으로 관심을 표하는 사람은 거의 없으며 대부분의 사람들이 자신들의 삶 가운데에 그분을 위한 공간을 만들지 않습니다."

성경 교사가 그 토론에서 한 말은 사실이다. 이는 아마도 오늘날 우리에게 더 맞는 말일 것이다. 우리의 바쁜 삶 속에는 예수님을 위한 공간이 거의 없다.

성탄절 이야기는 바로 이러한 상황을 묘사하고 있다.

> 첫 아들을 낳아 강보로 싸서 구유에 뉘었으니 이는 여관에 있을 곳이 없음이러라(눅 2:7).

## 어느 곳에도 빈 방 없음

물론 아기 예수님을 위한 빈 방이 없었던 그 여관 외에도 머물만한 다른 장소들은 있었을 것이다. 그러나 여관에 빈 방이 없다는 말은 사실 어디에도 그분을 위한 빈 방이 없다는 사실을 말하고 있는 것이다.

이 세상의 왕들의 궁에도 아기 예수님을 위한 빈 방은 없다. 가이사 아구스도 역시 방을 준비하지 않았다. 가이사 아구스도가 나사렛 출신의 천한 목수 그리고 임신한 그의 아내 마리아를 위해 방을 준비한다는 것 자체가 말이 되지 않는다.

또한 헤롯역시 아기 예수님을 위한 빈 방을 준비하지 않았다. 헤롯은 예수님이 태어나신 지역으로부터 반경 20km를 통치하였다. 그러나 헤롯은 방을 준비하기는 커녕 오히려 (동방박사들로부터 어린 아기에 대한 소식을 접하고) 죽이려고 공모하였다.

오늘날에도 이러한 상황은 별 차이가 없다. 이에 대하여 위대한 침례교 설교자 찰스 해돈 스펄전(Charles Haddon Spurgeon)은 다음과 같이 기록하였다.

> 아! 나의 형제들이여, 궁에는 그리스도를 위한 빈 방이 전혀 없습니다! 어떻게 이 땅의 왕들이 주님을 영접할 수 있겠습니까? 그리스도는 평화의 왕이시고 그들은 전쟁을 즐깁니다! 그리스도는 그들의 활을 부러뜨리시고 그들의 창을 산산이 조각을 내십니다. 그리스도는 그들의 전차를 불태워 버리십니다. 어떻게 왕들이 겸비한 주님 앞에 나올 수 있겠습니까! 그들은 화려함과 위엄을 사랑하고 그리스도는 온화하시고 순수하십니다. 그리스도는 목수의 아들이시고 어부의 친구이십니다. 오! 이 땅의 위대한 사람들이여, 당신들이 영광과 쾌락 그리고 전쟁과 의회에 열중하다가 기름부음 받으신 만유의 주를 잊고 외면하였다는 것에 나는 조금도 놀랍지 않습니다.[1]

또한 지혜로운 자들이 있는 곳에도 그리스도를 위한 빈 방은 없다. 처음에는 그리스도의 오심이 그런 사람들에게 알려지지 않았다. 하지만 그것이 알려졌을 때 그들은 복음을 비웃었다.

이러한 현상이 이스라엘에서 일어나지 않을 수도 있었다. 이스라엘에서 지도자들(대제사장과 서기관들)은 선지자들

---

1 Charles Haddon Spurgeon, "No Room for Christ in the Inn," *Metropolitan Tabernacle Pulpit* (1969), 8:702.

을 알았고 그리스도가 어디에서 태어나야 하는지를 알려줄 수 있었다. 그러나 우리는 기억한다. 헤롯이 그리스도가 어디에서 태어나야 하는지를 물어보았을 때 그들은 정확하게 대답도 하고 동방박사들의 방문도 알았지만 어느 누구도 그리스도를 경배하기 위해 베들레헴에 가는 모험을 하지 않았다.

우리는 배움의 자리에서 거의 그리스도께 관심을 두지 않는다. 이 세상의 지혜로운 자들과 세계적인 교수들 그리고 종교 지도자들 중 예수님을 위한 공간을 가진 사람이 과연 얼마나 될까?

어떤 사람들은 이렇게 말하기도 한다. "그러나 당시에 그러한 사람들이 전부는 아니었을 겁니다. 예수님을 받아들였을 좋은 가족들도 어딘가에 있지 않았을까요?"

베들레헴에도 분명 좋은 가족들이 있었겠지만 나는 아직까지 어떤 좋은 가족이 산고 중에 있는 여인을 위한 빈 방을 준비하거나 혹은 태어난 아기를 환영해주었다는 기록을 읽지 못했다. 그들은 서로에게는 매우 자비로웠을지도 모른다. 또한 그들은 종종 가난한 사람들을 위해 자선행위를 했을지도 모른다. 그러나 그처럼 부유한 가족들 사이에는 왕들의 궁이나 지혜로운 자들의 모임 보다도 더 빈 방이 없었을 것이다.

## 평범한 사람들의 거부

나는 우리가 이쯤에서 약간의 자기만족의 감정을 가지지 않을까 상상해 본다. 우리는 이렇게 주장할지도 모른다. "이 세상의 지혜로운 자들, 지도자들 혹은 고귀한 자들 중에는 그리스도를 위한 공간이 없었다는 것이 사실일지는 모르지만 우리와 같은 평범한 사람들 사이에는 분명히 그분을 위한 공간이 있었을 것이다. 우리였다면 그리스도를 환영했을 것이다."

그러나 과연 그럴까? 우리는 당시의 여관이 부자들이나 지도자들이 머무는 장소가 아니었음을 기억해야 한다. 부자들은 자신들의 친구들과 머물렀다. 여관은 갈 곳이 없었던 평범한 사람들이 머물던 장소였다. 예수님이 머물 곳이 없었던 곳은 정확히 여관이었다.

우리는 때때로 평범한 사람들이 부자들보다 더 베풀고

인정이 많다고 생각함으로써 스스로를 기분 좋게 한다. 그러나 사실은 전혀 그렇지 않다. 성경은 우리에게 이렇게 가르친다.

> 우리는 다 양 같아서 그릇 행하여 각기 제 길로 갔거늘 여호와께서는 우리 모두의 죄악을 그에게 담당시키셨도다 (사 53:6).

첫 번째 성탄절에 여관을 가득 채웠던 평범한 사람들이 왜 예수님을 영접하지 않았는지를 이해하는 것은 어렵지 않다.

첫째, 단순히 먼저 왔기 때문이다. 여관이 만원인데 먼저 온 사람이 왜 늦게 온 사람들을 위하여 (아무리 급하다 할지라도) 양보하겠는가?

둘째, 임신한 여인에 대하여 무관심했기 때문이다. 그곳에는 수천 명의 다른 여인들도 있었을 것이다. 아마도 마리아와 요셉이 돈을 가지고 있었다면 환영받을 수 있었을 지도 모른다. 그러나 그들은 돈이 없었다. 그들은 가난하였다. 말 그대로 관심이나 환대를 받을만한 것이 아무것도 없었다.

내가 지금 당신의 삶을 묘사하고 있는가?
한 주석가는 다음과 같이 말한다.

> 영혼의 모든 공간은 인간의 관심사들로 채워져 있어서 그리스도를 위한 공간이 거의 없습니다. 또한 그리스도 안에 흥미로운 것이 별로 없습니다. 있다고 해도 그리스도를 위한 시간이 별로 없습니다. 이는 우리의 시간이 다른 일을 하는데 필요하기 때문이고, 우리의 관심이 다른 일에 끌리기 때문이며, 우리의 삶이 소유물과 즐거움으로 가득 채워져 있기 때문입니다. 이상해 보이겠지만 마구간 외에는 구원자를 위한 빈 방이 없습니다.[2]

나는 예수님이 당신의 삶의 마구간에 계신지 아니면 중심에 계신지 궁금하다.

한 가지 분명한 것은 예수님이 마음의 문을 열고 들어가 당신의 삶의 보좌에 앉아 통치하실때까지 당신은 결코 마리아가 마구간에서 아기를 낳는 동안 편안하게 잠을 잤던 사람들보다 낫지 않다는 사실이다.

---

2  James Hastings and Edward Hastings, eds., *The Speaker's Bible* (Grand Rapids: Baker, 1971), 9:93.

### 빈 방 있습니까?

당신은 예수 그리스도를 위한 빈 방을 가지고 있는가? 어떤 사람은 "나는 예수 그리스도를 위한 빈 방을 가지고 있지만 사실 자격이 없어요"라고 말한다. 당연히 우리는 자격이 없다! 이 세상 자체가 창조자이시며 왕이신 그리스도를 모실 자격이 없다. 그러나 그분은 여전히 세상으로 오셨다. 마치 진리를 분명히 하시기 위한 것처럼 말이다. 그분은 양들과 당나귀들 사이에서 태어나셨다.

또 어떤 사람은 "나의 삶은 아주 수치스러워요"라고 말한다. 그러나 마구간에서 태어날 정도로 수치스러운가? 썩은 냄새가 진동할 정도인가?

"하지만 나는 그분이 두려워요"라고 말하는 사람도 있다. 예수님이 두렵다고? 그분이 무슨 해를 끼치셨는가? 우리 중 누구에게 좋지 않은 일을 하셨는가?

성경 교사인 해리 아이언사이드(Harry Irouside)는 자신의 혹독한 가난 때문에 상심 가운데 있는 한 노파에 관한 이야기를 했다. 그녀는 런던에 있는 작은 다락방에 살고 있었고 빚 때문에 경찰이 와서 자신을 잡아갈 것을 두려워 하였다.

한 선한 기독교 목사가 그녀의 곤경에 관해 듣고 빚을 탕감할 돈을 모금하였다. 그리고 자신의 주머니에 빚을 갚았다는 영수증과 생활에 필요한 돈을 가지고 그녀를 만나러 갔다. 이웃들은 그녀를 "늙은 베티"라고만 알았다. 그래서 그 목사는 그녀가 살고 있는 건물에 도달했을 때 "늙은 베티가 어디에 살고 있는지 말해 줄 수 있나요?"라고 물었다.

그 목사는 계단을 올라가서 어떤 방으로 가라고 들었다. 그는 그 방문 앞으로 가서 문을 두드렸다. 그러나 아무런 대답이 없었다. 그는 다시 문을 두드렸다. 여전히 대답이 없었다. 그는 "베티 할머니. 그 안에 있나요?"라고 소리쳤다. 그러나 여전히 대답이 없었다.

결국 목사는 계단을 내려가 떠나려고 하였다. 그때 그녀의 이웃이 "그녀를 만났나요?"하고 물었다.

그는 "아니요. 할머니가 집에 없네요"라고 말했다.

"아뇨. 할머니는 집에 있어요. 할머니는 당신이 들어오지 못하게 하는 거예요. 그녀는 당신이 채무자 중의 하나라고 생각하고 두려워서 문을 열지 않고 있는 거예요"

그 말을 듣고 목사는 다시 계단을 올라가 방문 앞에 서서 "베티 할머니. 저는 목사인데 당신을 만나러 왔어요. 들어가게 해주세요!'라고 소리쳤다.

그러자 "아! 그래요. 나는 당신이 경찰인줄 알고 문을 열기가 두려웠어요"라는 목소리가 방 안에서 들려왔다. 문이 열리자 목사는 그녀에게 친구들이 모금해서 그녀의 빚을 갚았으니 이제 안심하라고 말했다. 그리고 그녀에게 영수증과 생활에 필요한 돈을 주었다. 베티 할머니는 몹시 당황하고 감격하였다. 그리고 그녀는 이렇게 말했다.

"나는 당신이 들어올까봐 문을 잠그고 자물쇠를 걸어버렸어요. 나는 당신이 들어올까봐 두려웠어요."[3]

당신과 나는 베티 할머니이고 목사는 그리스도이다. 우리는 그분께 마음을 여는 것을 두려워하고 있다. 그러나 그리스도는 자신의 죽음으로 우리의 죄값을 치르는데 앞장서셨으며 이제 우리의 필요를 채워주시기 위하여 오셨다. 그분은 우리의 가장 친한 친구이지만 우리는 그분을 외면하였다. 그러나 많은 사람들이 한때 예수 그리스도를 외면하였음을 시인하고 그분의 은혜를 통해 마음의 문을 열어 삶의 깊은 곳으로 그분을 받아들이고 있다. 이 사람들은 예수님께 자신을 맡기는 것이 실수가 아니라는 것을 증언할 것

---

3  H. A. Ironside, *Illustrations of Bible Truth* (Chicago: Moody, 1945), 65-67.

이다. 오히려 그것이 자신들이 내린 최고의 결정이라고 말할 것이다. 당신은 마음의 문을 연 적이 있는가? 구주를 위한 빈 방을 준비한 적이 있는가? 그런 적이 없다면 오늘 그분이 당신의 영혼 속에 태어나도록 하자. "언젠가"라고 말하지 마라. 지금 당장 그분을 위한 방을 준비하라! 성경은 다음과 같이 말한다.

> 그러므로 성령이 이르신 바와 같이 오늘 너희가 그의 음성을 듣거든 광야에서 시험하던 날에 거역하던 것 같이 너희 마음을 완고하게 하지 말라(히 3:7-8).

> 보라 지금은 은혜 받을 만한 때요 보라 지금은 구원의 날이로다(고후 6:2).

## 당신을 위한 빈 방이 없습니다

당신이 그리스도를 위한 방을 준비한다면 그날로부터 세상은 당신을 위한 방을 준비하지 않을 것이다. 우리는 누가복음에서 이 사실을 확인할 수 있다. NIV성경에 따르면 누가복음 2:7은 여관에 "그를 위한(for him) 방이 없다"라고 말하지 않고 "그들을 위한(for them) 방이 없다"라고 말하고 있다. 이는 아기 예수님뿐만 아니라 마리아와 요셉을 포함하고 있다.

오늘날 누가 예수 그리스도의 어머니요, 아버지요, 누이인가? 바로 마태복음 12:48-50이 말하는 것처럼 성부 하나님의 뜻을 행하는 이들이 아닌가?

> 말하던 사람에게 대답하여 이르시되 누가 내 어머니이며 내 동생들이냐 하시고 손을 내밀어 제자들을 가리켜 이르시되 나의 어머니와 나의 동생들을 보라 누구든지 하늘에 계신 내 아버지의 뜻대로 하는 자가 내 형제요 자매요 어머니이니라 하시더라(마 12:48-50).

다시 말해서 그리스도께 마음의 문을 열고 그분을 따르는 자들이 아닌가?

당신이 그리스도를 따른다면 세상은 그분께 했던 것보다 더 가혹하게 당신을 위하여 방을 준비하지 않을 것이다. 당신이 그리스도를 따른다면 그로 인해 칭찬받을 것이라고 생각하지 말아야 한다. 천사들은 세상의 눈으로 볼 때에 얼마나 하찮은 자들인지는 상관없이 회개하는 자들을 기뻐할 것이다. 그러나 세상은 기뻐하지 않을 것이다. 세상은 당신의 결정을 조롱할 것이다. 세상은 당신을 깔아뭉개려고 할 것이다. 그리고 세상은 당신이 결정을 번복하거나 타협하지 않는다면 당신으로부터 등을 돌리고, 당신과의 관계를 끊으며, 자기 갈 길을 갈 것이다.

이것이 바로 예수님이 예언하신 것이다. 그분은 다음과 같이 말씀하셨다.

> 너희가 세상에 속하였으면 세상이 자기의 것을 사랑할 것이나 너희는 세상에 속한 자가 아니요 도리어 내가 너희를 세상에서 택하였기 때문에 세상이 너희를 미워하느니라 (요 15:19).

또한 "모든 사람이 너희를 칭찬하면 화가 있도다"(눅 6:26)라고 말씀하셨다. 그리고 그분은 제자들에게 "세상에서는 너희가 환난을 당하나 담대하라 내가 세상을 이기었노라"(요 16:33)라고 말씀하셨다. 그리스도의 제자가 된다는 것은 나라가 없고 거할 곳이 없는 사람이 된다는 것이다. 이는 궁핍함 속에서도 그분을 따르고, 그분의 고독에 참여하며, 결국 십자가까지 따르는 것을 의미한다.

## 많은 방들이 있습니다

당신이 예수님을 따르기로 결단한 그날로부터 세상은 당신에게 빈 방을 주지 않지만 대신 그분이 준비하고 계신다. 예수님은 자신을 따르는 자들을 위한 가장 영광스러운 방을 준비하시기 위하여 가셨다.

예수님은 다음과 같이 말씀하셨다.

> 너희는 마음에 근심하지 말라 하나님을 믿으니 또 나를 믿으라 내 아버지 집에는 거할 곳이 많도다 그렇지 않으면 너희에게 일렀으리라 내가 너희를 위하여 거처를 예비하러 가노니 가서 너희를 위하여 거처를 예비하면 내가 다시 와서 너희를 내게로 영접하여 나 있는 곳에 너희도 있게 하리라(요 14:1-3).

당신은 어떤 경우에라도 예수님을 섬길 준비가 되었는가? 당신은 하늘 아래에 십자가만 있고 빈 방이 없을지라도 예수님이 하늘에 당신을 위한 거처를 예비하러 가셨음을 믿고 그분을 섬길 것인가? 지금도 많은 사람들은 예수님을 따르면서 그분의 은혜에 감사하고 있다.

# The Christ of Christmas

## 9장

# 성탄절을 기다린 사람들

　1944년 6월 첫 주, 독일군 사령관 롬멜은 임박한 연합군의 공격에 대비하여 프랑스 서쪽 해변 요새들을 강화하고 있었다. 롬멜은 북아프리카에서 전략가로 명성을 얻은 사람이었다. 그는 현 단계에서 연합군이 프랑스에 교두보를 확보한다면 전쟁에서 독일이 패배할 것이라는 것을 확신하였다. 그래서 그는 그에 대비해 미리 방어진을 치기 위해 노력했다.

　그러나 6월 첫 주가 끝나갈 무렵에 대서양 해안 인근의 날씨가 악화되면서 롬멜은 다급한 상황에서 며칠의 여유를 가지게 되었다. 롬멜의 아내의 생일은 6월 6일이었다. 그는 아내를 위해 생일 선물을 준비하였다. 롬멜은 6월 5일에 전선을 떠났고 다음날 연합군이 침공을 감행했을 때 그는 자신의 가족과 함께 베를린에 있었다. 롬멜은 역사상 가장 위대한 군대의 침공을 감지한 사람이었다. 그리고 그는 실제로 그것을 위하여 대비하였다. 그러나 침공이 시작되었을 때 그는 다른 일로 바빴고 중요한 기회를 놓치고 말았다.

우리가 알다시피 실제로 그 중요한 날에 대영제국과 미국 연합군은 노르망디 해안에 발판을 마련하였고, 라인강을 향하여 밀어 붙였으며, 나치 정권의 독일을 최종적으로 전멸시킬 수 있었다.

역사를 거슬러 많은 사람들이 롬멜과 같은 경험을 가지고 있다. 그러나 아마 그러한 사람들 중에서도 성탄절을 놓친 사람들만큼 비극적인 사람들은 없을 것이다.

내가 말하는 사람들은 당연히 첫 번째 성탄절, 즉 예수 그리스도의 탄생을 놓쳤던 사람들을 의미한다. 그러나 어떤 의미에서 나는 오늘날 성탄절을 놓친 많은 사람들을 또한 말하고 있다. 삶에서 가장 중요한 것을 놓쳤음에도 불구하고 놓칠 수밖에 없었던 타당한 이유가 없다는 것은 비극이라고 밖에 말할 수 없다.

## 여관 주인

성탄절을 놓친 첫 번째 사람은 분명히 여관 주인이었다. 성경은 이 사람에 대하여 자세하게 언급하지 않는다. 아마도 예수님의 탄생 이야기가 글로 기록될 때까지는 아무도 그를 기억하지 못했을 것이다. 그를 기억해야할 이유 또한 없었다. 그러나 분명히 여관 주인은 존재했다.

누가복음 2:7은 여관 주인의 존재를 분명하게 암시하고 있기 때문이다.

> 첫아들을 낳아 강보로 싸서 구유에 뉘었으니 이는 여관에 있을 곳이 없음이러라(눅 2:7).

당시의 혼잡함 속에서 여관 주인은 역사상 가장 중요한 탄생의 순간을 놓치고 말았다.

여관 주인은 그 순간을 놓치지 말았어야 했다. 그는 그 순간과 아주 가까이에 있었기 때문이다. 가이사 아구스도의 칙령은 마리아와 요셉이 베들레헴으로 오게 만들었다. 마리아와 요셉은 여관 주인이 일하는 곳 문 앞에 멈추어 섰고 그가 일하는 곳에 들어왔다. 아기 예수님은 거의 그의 코앞이나 다름없는 그의 여관 마구간에서 태어나셨다. 그러나 그는 일하느라 너무 바빠서 그 순간을 함께하지 못했다.

나는 여기서 여관 주인에 대해 극화된 기록을 나누기를 원한다. 이는 저명한 미국 작가인 프레데릭 부케너(Frederck Buechner)가 쓴 최근의 책에 나오는 내용이다.

> 여관 주인은 이렇게 말했다. "나는 이상주의자가 아니예요. 현실주의자, 그러니까 세상 사람으로서 당신에게 말할게요. 여관을 운영하고, 사업을 하며, 가족을 돌보고, 이 세상에서 살아간다는 것이 그리고 자신의 삶을 살아간다는 것이 무엇을 의미하는지 아시나요? 그것은 마치 수백만 개의 나무들로 이루어진 숲 속에서 길을 잃은 것과 같아요. 모든 침대에 새로운 시트를 씌웠는가? 아이들이 밖에 나가기 전에 코트를 입었는가? 편지를 썼는가? 책은 읽었는가? 은행에 돈은 충분히 남아 있는가? 오늘은 음식으로 배를 채우고 옷으로 등을 덮었지만 내일도 여전히 음식과 옷을 가질 수 있다고 확신할 수 있는가? 수백만 개의 나무들. 수백만의 할 일들. 결국 우리는 다른 어떤 것에는 눈을 돌리지 못해요. 우리가 보는 것은 무엇이든지 일로 바뀌니까요."[1]

---

1  Frederick Buechner, *The Magnificent Defeat* (New York: Seabury, 1966), 66-67.

자실들의 일, 파티, 성탄절 카드, 트리, 장식에 신경쓰느라 성탄절의 의미를 놓치는 물질 만능 주의의 사람들 다시 말해서 오늘날의 여관 주인들로 세상이 가득차 있다고 말하는 것은 너무 새삼스러운가? 그런 사람들로 인하여 성탄절이 낀 주일에는 교회마다 지쳐 조는 사람들도 가득하다.

나는 여기서 비그리스도인들만을 말하는 것이 아니다. 사실 나는 그들에게 할 말이 그렇게 많지 않다.

누가 성탄절을 놓친 것에 대하여 가이사 아구스도를 비난하겠는가? 그는 너무 멀리 떨어져 있었다. 그가 성탄절의 의미를 찾을 가능성은 거의 없었다.

우리는 또한 헬라인들을 비롯한 수많은 다른 사람들을 비난하지 않을 것이다.

사실 여기서 나는 그리스도인들에게 말하고 있는 것이다. 그리스도인들이야말로 예수님의 탄생에 가장 깊은 관심을 보여야 하는 사람들이지만 실상은 그렇지 않기 때문이다.

오래 전 A. W. 토저(A. W. Tozer)는 그리스도인들의 열광적인 물질 만능 주의에 관해 큰 관심을 가졌다. 그는 다음과 같이 기록했다.

모든 세대는 그들만의 독특한 특징을 가진다. 지금 우리는 종교적인 복잡성이라는 특징을 가진 세대 속에서 살아가고 있다. 예수 그리스도 안에 있는 단순성은 우리 가운데서 찾아보기 힘들다. 오히려 그것을 대신하는 프로그램, 방법, 기관, 시간과 관심을 빼앗는 자극적인 활동이 세상에 가득하다. 그러나 그러한 것들은 결코 우리의 마음의 갈망을 만족시킬 수 없다.

내적 경험의 얄팍함, 예배의 공허함, 비천한 세상의 모방으로 가득한 우리의 방법들은 오늘날 우리가 하나님을 불완전하게 알 뿐이고 하나님의 평화를 전혀 알지 못한다는 것을 증명할 뿐이다.

우리가 모든 종교적 외형 가운데서 하나님을 발견하고자 한다면 우리는 먼저 그분을 찾기로 단호하게 결심해야 하고 그런 후에 단순성의 방식으로 나아가야 한다. 언제나처럼 하나님은 "순진한 이들"에게는 스스로를 보이실 것이고 "지혜롭다"하는 자들과 "분별있다"하는 자들에게는 (깊은 어둠 속에) 감추실 것이다. 우리는 하나님께 이르는 접근방식을 더욱 단순화시켜야 한다.[2]

---

2 A. W. Tozer, *The Pursuit of God* (Harrisburg, Pa.: Christian Publications, 1948), 17-18.

## 헤롯

여관 주인에 이어서 성탄절을 놓쳤던 사람은 헤롯이었다. 헤롯은 유대의 왕이었다. 더 정확히 말하자면 광대한 로마제국 한 변방의 분봉왕이었다. 헤롯에 관해서는 좋은 내용이 하나도 없다. 그는 아내와 세 명의 아들을 포함하여 많은 사람들을 죽인 교활한 늙은 여우였다. 그는 무신론자였다. 또한 그는 냉소주의자였다. 헤롯은 이스라엘의 전통을 알고 있었지만 그것들을 완전하게 믿지 않았다. 헤롯은 성탄절을 찾았어야 했다.

마태는 헤롯에 관한 이야기를 기록한 사람이다. 헤롯은 박사들이 동방으로부터 왔다는 소식을 접하였다. 박사들은 최근에 태어난 유대인의 왕을 어디에서 찾을 수 있는지를 물었다. 그러나 헤롯 주변에는 그들이 가리키는 사람이 없었다. 최근에는 출산조차 없었다.

헤롯은 그가 전혀 알지 못하는 메시아에 관해 박사들이 말하고 있다는 것을 알게 되었다. 그와 같은 이야기는 사실 위험한 것이었다. 그래서 헤롯은 미래의 왕이 어디에서 태어날 것인지를 알아내기 위해 종교 지도자들을 불렀다.

그들의 대답은 "베들레헴!"이었다. 헤롯은 동방박사들을 불러 베들레헴에서 뭔가를 찾게 되면 자신에게 보고할 것을 당부하였다.

> 베들레헴으로 보내며 이르되 가서 아기에 대하여 자세히 알아보고 찾거든 내게 고하여 나도 가서 그에게 경배하게 하라(마 2:8).

늙은 왕의 마음 속에 있는 것은 사실 경배가 아니라 죽이기 위한 교활한 술책이었다. 이는 너무 안타까운 일이다. 헤롯은 예수님의 탄생을 알았고 심지어 그 탄생의 중요성을 알았기 때문이다. 그러나 그는 자기 이익에 눈이 멀어 있었기 때문에 결국 그것을 놓치고 말았다.

헤롯의 모습이 당신을 묘사하고 있지는 않은가? 당신을 비난하려는 의도는 아니지만 실제로 많은 사람들이 자기 이익에 눈이 멀어 삶에서 많은 것들을 놓치고 있다. 많은 사람들이 우정, 아름다움, 사랑, 좋은 시절, 행복과 같은 것들을 놓치고 있다고 한다면 예수님을 놓치는 것은 더 쉽지 않겠는가?

당신에게 일부분이라도 헤롯과 같은 면이 있다면 당신은

예수님이 "사람이 만일 온 천하를 얻고도 자기 목숨을 잃으면 무엇이 유익하리요(막 8:36)"라고 말씀하신 것에 관심을 가져야 할 것이다.

당신의 진정한 자기 이익은 당신을 사랑해서 당신의 구세주가 되기 위해 죽으신 그분을 발견하는 것이다.

## 종교 지도자들

성탄절을 놓친 또 다른 사람들은 바로 대제사장과 서기관 같은 종교 지도자들이었다. 다른 어떤 사람들 보다도 그들은 (성경을 알고 있었기 때문에) 예수님의 탄생을 놓치지 말았어야 했다. 그들은 헤롯에게 예수님이 어디에서 태어날 것인지 말할 수 있었다. 그들은 그 일이 베들레헴에서 일어날 것을 알았다. 그러나 그들은 예수님의 오심을 살펴보기 위해서 자신들의 가정과 궁을 떠나지 않았다.

종교 지도자들이 동방박사들과 함께 가지 못한 이유는 무엇이겠는가? 우리는 물론 확실히 알지 못한다. 어쩌면 헤롯이 다른 사람이 아닌 자신들을 불렀고 헤롯의 질문에 올

바른 대답을 할 수 있었다는 사실에서 자부심을 가지고 있었기 때문일 수도 있다.

우리는 종교 세계에서 비슷한 경우를 본다. 거의 모든 성경 질문에 올바른 대답을 가진 교회 분파들이 있다. 그러나 대부분 그러한 분파들 안에는 하나님을 향한 진정한 갈망이 없기 때문에 기쁨이 넘치고 생기있는 예수 그리스도의 임재가 결핍되어 있다.

오해하지 말기 바란다. 정확한 성경 지식은 중요하다. 우리가 예수님을 알 수 있는 것은 오직 성경 지식을 통해서이다. 그리고 우리가 하나님을 알 수 있는 것은 오직 예수님을 아는 것을 통해서이다. 우리는 성경을 연구해야 한다. 나는 성경을 연구하고 가르치는 일에 내 삶의 대부분을 소비한다. 그러나 성경의 내용을 아는 것만으로는 충분하지 않다. 우리가 하나님이 우리에게 의도하신 모든 것을 이루고자 한다면 성경을 통하여 그 너머에 있는 하나님을 보아야 한다.

당신은 성경의 저자를 아는가? 그렇다면 성경은 당신의 삶을 달라지게 만들 것이다. 성경은 당신을 만족하게 할 것이다. 성경은 당신 스스로에 대하여 잊도록 만들 것이다.

무엇보다도 성경은 당신에게 예수님을 보내신 하나님의 사랑을 가르칠 것이다.

프란시스 쉐퍼(Francis Schaeffer)는 이렇게 기록했다.

> 그리스도인으로서 우리는 정직한 질문에 대하여 정직한 대답을 해야한다. 우리는 지적인 변증을 해야 한다. 성경은 그것을 명하고 있고 예수님과 바울은 그것을 실천하고 있다. 회당에서, 시장에서, 가정에서 그리고 거의 모든 가능한 상황에서 예수님과 바울은 기독교에 관해 논증하였다. 정직한 질문에 정직한 대답을 하고 변증하는 것은 바로 그리스도인들이 해야 할 일이다.
>
> 그러나 서로를 사랑하는 진정한 그리스도인들이 없다면 우리가 아무리 적절하고 정직한 대답을 준다 할지라도 아무도 듣지 않을 것이다. 우리는 정직한 대답을 위해 연구에만 평생을 매진하지 않도록 주의해야 한다. 오랜 세월 동안 정통 복음주의 교회는 이 부분에 있어서 연약했다. 우리에게 관심이 있는 사람들의 질문에 대답하는 법을 배우는 것은 좋다. 그러나 세상과 소통하는 일에 최선을 다한 후에도 예수님이 주신 마지막 변증, 즉 그리스도인으로서 보여주어야 할 사랑이 남아있음을 결코 잊지 말아야 한다.[3]

---

3 Francis Schaeffer, *The Church at the End of the Twentieth Century* (Downers Grove, Ill.: Inter-Varsity, 1970), 139-140.

## 성탄절을 발견한 사람들

성탄절을 놓친 사람들이 셀 수 없이 많이 있음에도 불구하고 그것을 발견한 사람들은 늘 존재해왔다 그들은 이 세상의 왕이 아니었다. 그들은 종교 지도자도 아니었다. 또한 그들은 물질적인 삶에 빠져 자질구레한 것들에 마음이 빼앗긴 사람들도 아니었다. 그들은 단지 하나님과 그분의 오심을 간절히 찾았던 가난한 사람들이었다. 그렇다면 성탄절을 발견한 사람들은 누가 있을까?

첫째, 목자들이 있었다. 목자들은 고대의 사회구조에서는 상당히 무시받던 사람들이었다. 대부분의 사람들은 그들을 아주 천하게 생각했다. 그들은 심지어 법정에서 증언할 수 있는 권리도 없었다. 그들의 증언은 믿을 만한 것으로 고려되지 않았기 때문이다. 그러나 목자들은 천사들을 보았다.

둘째, 동방박사들이 있었다. 그들은 심지어 유대인도 아니었다. 모든 사람들은 하나님의 약속된 구원이 유대인에게만 국한된 것으로 이해했다. 그러나 동방박사들은 별을 보았다.

셋째, 시몬과 안나와 같이 가난하지만 경건한 사람들이 있었다. 그들은 다른 많은 사람들처럼 "예루살렘의 속량을 바라는"(눅 2:38) 사람들이었다. 당시에는 아무도 이처럼 가난한 사람들에게 관심을 두지 않았다. 그들은 중요한 사람들이 아니었다. 그러나 그들은 하나님의 보화를 보았고 붙잡았다.

이러한 사람들이 성탄절을 발견한 이유가 무엇인가? 나는 적어도 두 가지 이유가 있다고 생각한다.

첫째, 그들은 자신들의 필요를 인정할 정도로 충분히 정직했다. 자기만족에 빠진 사람이었다면 결코 구유로 가는 여행을 하지 않았을 것이다. 자기만족에 빠진 사람들은 오늘날도 마찬가지로 그러한 여행을 하지 않는다. 그러나 그리스도를 발견한 사람들은 그렇지 않다. 그들은 자신들이 구원자를 필요로 한다는 것을 알고 있다.

둘째, 그들은 예수 그리스도가 오셨을 때 그분을 영접할 정도로 충분히 겸손했다. 물론 거기에는 어느 정도 이해가 필요한 것이 사실이다. 아마도 목자들, 동방박사들, 시몬이나 안나는 예수님의 탄생에 대해 많은 것을 이해하지 못했을 것이다. 그러나 그들의 이해 여부와는 상관없이 그들은 예수님을 영접했다. 그들 각자가 예수님의 탄생으로 인하여 하나님을 찬양했음은 성경을 통하여 알 수 있다.

유럽에서 대학을 다니는 사람들은 그들이 의사가 되든지, 변호사가 되든지, 화학자가 되든지 아니면 교수가 되든지와는 상관없이 사명을 위한 충분한 자격을 갖출 수 있도록 종교의 고전과 기본적인 내용들을 똑같이 훈련받는다.

이는 유럽의 대학을 졸업한 사람들은 기본적으로 종교적인 소양을 갖추고 있다는 의미이다. 유럽의 한 도시에서 독일인 목사가 긴급한 상황으로 인하여 자신의 교구를 부득이하게 비우게 되었다. 그는 다가오는 주일에 자신을 대신하여 강단을 책임질 다른 목사를 초빙할 만한 여유가 없어서 결국 이웃에 사는 한 선생에게 요청하였다.

그 사람은 그리스도인이 아니었다. 목사가 그에게 설교를 해달라고 요청했을 때 그는 다음과 같이 대답했다.

"내가 온전히 믿지 않는 것을 어떻게 설교할 수 있나요?"

목사는 매우 당황하여 "뭐라고요? 당신은 하나님을 믿지 않나요?"라고 물었다.

그는 "물론 나는 하나님을 믿습니다"라고 대답했다.

목사는 다시 "그러면 당신은 우리가 하나님을 사랑해야

한다는 것을 믿지 않나요?"라고 물었다.

그러자 그는 "물론 나는 우리가 그분을 사랑해야 한다고 믿습니다"라고 대답했다.

목사는 그 말을 듣고 "그러면 됐어요. 내가 당신에게 설교할 본문을 가르쳐 드릴게요. 그것은 예수님이 말씀하신 '네 마음을 다하고 목숨을 다하고 뜻을 다하여 주 너희 하나님을 사랑하라'(마 22:37)는 본문이에요"라고 말했다.

그는 그 본문을 선택하는 것에 동의하였다. 목사는 떠났고 그는 앉아서 그 본문을 연구하기 시작했다. 그리고 먼저 메시지를 위한 개요를 적어 보았다. 그는 회의주의자였고 이성주의자였기 때문에 아주 이성적으로 자신의 요점들을 쓰고 그것들에 대한 이유를 달았다.

하나의 요점은 "우리는 하나님을 사랑해야 한다"였다. 이것을 적고 나서 그는 "우리는 우리의 온 힘을 다해 그분을 사랑해야 한다. 그것이야말로 그분을 만족시킬 수 있다"라고 적었다. 이어서 그는 "그렇다면 우리는 그분을 사랑하는가?"라고 적었다. 그는 이 질문을 보고 양심에 찔려 "아니다. 우리는 그분을 사랑하지 않는다"라고 적었다.

나중에 그는 자신의 경험에 대하여 이렇게 말했다.

"생각지도 않게 나는 설교 노트에 '우리는 구원자를 필요로 한다'라는 문구를 덧붙이게 되었다."

이 시점에서 그의 어두워진 영혼 위에 빛이 비추었다.

그는 다음과 같이 말했다. "나는 하나님을 사랑하지 않은 것과 나에게 구원자가 필요하다는 것 그리고 그 구원자가 바로 예수 그리스도라는 것을 이해했다. 그 즉시 나는 예수 그리스도를 사랑하게 되었고 그분을 붙잡게 되었다. 다음 날 나는 설교를 하였다. 나의 설교의 핵심은 예수 그리스도가 필요하다는 것과 그 구원자를 믿어야 한다는 것이었다."

목자들이든지 아니면 동방박사들이든지 상관없이 지혜로운 자들은 자신들의 필요를 인정하고 구원자를 영접하기 위하여 스스로를 낮추는 자들이다. 그리고 오직 그러한 사람들만이 성탄절을 발견할 수 있다.

## 10장

# 성탄절을 발견한 사람들

첫 번째 성탄절과 관련된 한 가지 비극은 아주 많은 사람들이 성탄절을 놓쳤다는 것이다. 우리는 그러한 이야기의 일부를 살펴보았다. 가이사 아구스도와 수리아의 총독 구레뇨와 같은 정치적인 지도자들은 세상에서 가질 수 있는 거의 모든 것을 소유했지만 하나님의 가장 위대한 선물은 놓치고 말았다.

여관 주인 역시 첫 번째 성탄절을 놓쳤다. 그는 사실 가장 가까운 곳에 있었지만 업무로 인한 압박으로 인해 성탄절을 놓치고 말았다. 헤롯도 예수님의 탄생을 놓쳤다. 그의 실패는 가장 비난받을 만하다. 동방박사들에게 예수님에 관해 들었지만 왕좌를 노리는 자가 될 것이란 오해 때문에 결국 놓치고 말았기 때문이다. 헤롯은 아기 예수님을 죽이고자 했지만 다른 길을 통해 돌아가라고 하나님께 지시를 받은 동방박사들에게 속고 말았다. 종교 지도자들도 성탄절을 놓쳤다. 그들은 심지어 예수님의 탄생에 관해 들었고 메시아가 태어날 것이라고 말한 미가서의 말씀을 알았지만 결국 그것을 놓치고 말았다.

하지만 성탄절을 놓친 것은 이들이 전부가 아니다. 정치 지도자들과 종교 지도자들 외에도 수많은 사람들이 성탄절을 놓쳤다. 베들레헴 주변 들판에서 양을 돌보는 동안 천사들을 본 목자들은 성탄절을 발견하였다. 그리고 메시아의 별을 본 동방박사들은 그분을 경배하기 위하여 먼 곳을 이동했다. 이후 목자들과 동방박사들은 어느 시대에서든지 성탄절을 발견하는 사람들의 모델이 되었다.

### 현저한 대조

성탄절을 발견한 목자 그룹과 동방박사 그룹은 사실 굉장히 대조적인 그룹이다.

첫째, 두 그룹 사이의 대조는 당시 사회계층상의 구분에서 나타난다. 목자들은 사회계층상 낮은 위치에 속했다. 그들은 사회의 가장 천한 부류에 속했다. 그들은 조롱거리였고 사람들에게 신뢰받지 못했다. 그들은 교활하고 정직하지 못한 사람들로 낙인찍혔고 자주 남의 것을 훔쳐 달아난다는 오해를 받았다. 이처럼 그들의 평판은 좋지 않아서 그들은 법정에서 증언을 하는 것도 허락되지 않았다. 목자들은 거짓을 말하는 사람들이라고 인식되었기 때문이다. 당시 대부분 사람들의 마음 속 목자들은 집시, 부랑자 그리고 사기꾼을 합쳐놓은 존재였다.

동방박사들은 어떤가? 그들은 목자들과 반대 방향으로 사회계층 끝에 위치한다. 그들은 영향력을 가진 사람들이었다. 우리는 그들이 유대인의 왕으로 태어난 아기를 찾기 위해 예루살렘으로 왔을 때 헤롯의 궁에 들어가는 허락을 받고 심지어 헤롯을 알현하는데 아무런 어려움도 겪지 않았음을 보았다. 목자들이었다면 궁의 외부 뜰에도 들어오지 못했을 것이다.

둘째, 두 그룹 사이의 대조는 경제적인 상태에서 나타난다. 목자들은 가난한 사람들 중에서도 가장 가난한 계층에 속했다. 반면에 동방박사들은 부자들 중에서도 가장 부유한 계층에 속했다. 목자들은 거의 아무것도 가지고 있지 않았다. 물론 그들은 목자로서의 일을 가졌기는 하지만 이는 단지 거지, 부랑자들 보다 조금 나은 수준이었다. 일의 보수로 따진다면 그들보다 더 적게 버는 종류의 일은 없었다. 심지어 막노동을 하는 사람들도 양을 돌보는 목자들보다는 훨씬 더 많은 보수를 받았다.

누가복음에 따르면 목자들은 천사들이 전한 말씀이 이루어졌는지를 보기 위하여 베들레헴으로 갔다. 그리고 그곳에서 그들은 마리아와 요셉을 만나 천사들이 아기에 관하여 "말한 것을 전하였다"(눅 2:17). 그러나 그들은 아무런 예물을 준비하지 못했다. 그들은 아무것도 가지고 있지 않았다.

반면에 동방박사들은 상당히 부유한 사람들이었다. 그들은 동방에서 예루살렘으로의 먼 여행을 할 수 있었을 뿐만 아니라 여행을 위한 장비를 제대로 갖출 정도로 충분한 돈을 가지고 있었다. 그들은 아기 예수님과 그 가족에게 황금과 유향과 몰약을 예물로 주었다.

셋째, 두 그룹 사이의 대조는 교육 수준에서 나타난다. 목자들은 "땅의 사람들"이었다. 이는 유대성경을 읽기에 충분한 교육을 받지 못한 사람들을 의미했다. 그들은 어떤 공적인 교육도 받지 못했다. 반면에 동방박사들은 그들이 가진 지식으로 유명해진 사람들이었다. 우리는 이 특정한 동방박사들이 정확히 누구이며 어디에서 왔는지 정확히 모른다. 그러나 일반적으로 박사들은 종교 문서들, 요술, 의술, 점성술 그리고 천문학에 관한 지식을 가진 사람들을 의미했다. 메시아의 별이 나타났을 때 그들은 그것을 보고 그 의미를 분별해낸 사람들이었다.

넷째, 두 그룹 사이의 대조는 그들의 위치상의 차이에서 나타난다. 목자들은 예수님이 태어나신 베들레헴 근처에 있었고 동방박사들은 아주 먼 곳으로부터 왔다. 우리는 동방박사들이 "동방으로부터" 왔다는 대략적인 묘사만을 가지고 있기 때문에 그들이 얼마나 멀리 여행했는지는 정확히 알지 못한다.

그러나 헤롯이 그들에게 정확히 언제 별이 나타났는지를 물었고 이후 베들레헴의 두 살 아래인 모든 남아들을 죽인 것으로 보아 아마도 그 별은 적어도 그때로부터 1-2년 전에 나타났을 것이며, 동방박사들은 수 개월 동안 여행했을 것이다. 이처럼 동방박사들은 예수님의 탄생과 아주 먼 곳에 있었고 목자들은 (베들레헴 주변 언덕에 있었으므로) 예수님의 탄생과 아주 가까이에 있었다.

나는 어떻게 성탄절 이야기를 전해야 당신이 누구이든지에 상관없이 그리스도가 오셨다는 사실을 더 분명히 전할 수 있을지 모르겠다.

대부분의 사람들 눈에 당신은 중요한 사람일 수도 아닐 수도 있다. 당신은 하찮은 사람일 수도 유명한 사람일 수도 있다. 당신은 가난한 사람일 수도 부유한 사람일 수도 있다. 당신은 제대로 교육을 받지 못한 사람일 수도 제대로된 교육을 받은 사람일 수도 있다. 당신은 그리스도에 가까울 수도 멀리 있을 수도 있다. 그러나 이것은 중요하지 않다. 예수님은 부자 혹은 가난한 자만을 위해서 오신 것이 아니기 때문이다. 또한 예수님은 지혜로운 자 혹은 어리석은 자만을 위해서 오시지 않았다.

예수님은 특정한 사람들의 구세주가 되시기 위해 오시지 않았다. 그분은 당신을 포함한 세상 전부의 구세주가 되기 위해서 오셨다. 이것이 바로 성탄절이 전해주는 위대한 소식이다!

## 동일한 경험

목자들과 동방박사들은 함께 하기에는 많은 차이들이 있었다. 그러나 중요한 것은 그들은 모두 유사한 경험을 가졌다는 것이다. 성탄절을 놓친 사람들과 그들(목자들과 동방박사들)의 차이는 그들 사이의 차이보다 훨씬 더 크다.

첫째, 목자들과 동방박사들은 그리스도의 탄생 소식을 들었다. 목자들이 소식을 접한 장면은 굉장히 웅장하다.

> 주의 사자가 곁에 서고 주의 영광이 그들을 두루 비추매 크게 무서워하는지라. 천사가 이르되 무서워하지 말라 보라 내가 온 백성에게 미칠 큰 기쁨의 좋은 소식을 너희에게 전하노라 오늘 다윗의 동네에 너희를 위하여 구주가 나셨으니 곧 그리스도 주시니라 너희가 가서 강보에 싸여 구유에 뉘어 있는 아기를 보리니 이것이 너희에게 표적이니라 하더니(눅 2:9-12).

그런 후에 탄생의 소식을 전하는 광경은 하나님을 찬양하는 수많은 천사들로 인해 더욱 웅장해진다. 이 광경은 너무나도 웅장하고 아름답다.

> 지극히 높은 곳에서는 하나님께 영광이요 땅에서는 하나님이 기뻐하신 사람들 중에 평화로다 하니라(눅 2:14).

그러면 동방박사들이 접한 탄생의 소식은 덜 웅장했는가? 우리는 베들레헴의 그 별이 어떤 별이었는지는 확실히 모른다. 그 별은 혜성, 특별한 별자리 혹은 혹성들이 겹치는 현상으로 설명되곤 하였다. 그중에서 최고의 설명은 아마도 하나님의 영광스런 모습의 현현이라는 설명일 것이다. 그 "별"은 동방박사들을 인도하여 결국에는 그리스도가 계신 곳으로 그들을 데려왔기 때문이다. 사실이 무엇이든 간에 그별을 동방박사들이 관심을 가진 것은 사실이다. 그 별은 특별한 계시의 매개체로서 아주 적절했다.

목자들과 동방박사들에게 임한 이 두 계시는 매우 장대하였다. 그 계시들은 오랜 시간 동안 침묵하신 하나님으로부터 새롭게 주어진 첫 번째 말씀이었기 때문이다.

구약성경의 마지막 책인 말라기와 그리스도의 오심 사이의 몇 세기 동안은 하나님께로부터 어떠한 새로운 말씀도 없었기 때문에 이른바 "암흑시대"라고 불린다. 400여 년 동안 하나님의 백성들은 하나님께로부터 어떠한 표적도 없이 살았다. 또한 하나님의 말씀을 들려줄 선지자도 없이 살았다. 그들은 메시아를 기다리고 있었다. 그리고 그 어둠과 침묵은 갑작스레 깨졌다. 하늘은 천사들로 채워졌고 기쁨의 메시지가 모든 사람들에게 선포되었다.

> 오늘 다윗의 동네에 너희를 위하여 구주가 나셨으니 곧 그리스도 주시니라(눅 2:11).

우리의 경험은 목자들과 동방박사들 경험과 유사하지만 실제로는 더 우위에 있다. 목자들은 천사들을 동반한 하나님의 영광의 환상을 접했다. 동방박사들은 겨우 별 하나를 보았다. 반면에 우리는 하나님의 말씀이며 "어두운 데를 비추는 등불"인 성경을 받았다.

> 또 우리에게는 더 확실한 예언이 있어 어두운 데를 비추는 등불과 같으니 날이 새어 샛별이 너희 마음에 떠오르기까지 너희가 이것을 주의하는 것이 옳으니라(벧후 1:19).

베드로후서 1:19의 맥락은 흥미롭다. 이것은 베드로의 두 번째 서신으로부터 왔고 베드로 자신이 "예수 그리스도의 하늘 영광의 목격자"라는 사실이 인용된 다음에 나온다.

베드로는 예수님이 변화되시고 하나님께로부터 "이는 내 사랑하는 아들이요 내 기뻐하는 자라"(마 3:17)라고 말씀하시는 음성을 들으실 때 산 위에 함께 있었다. 베드로의 이러한 경험은 베들레헴 들판에서의 목자들의 경험 그리고 별을 통한 동방박사들의 경험과 비견될 만하다.

그러나 곧바로 베드로는 성경을 심지어 "더 확실한 예언"이라고 말하면서 결론짓는다. 베드로는 자신의 특별한 경험에도 불구하고 모든 것 위에 하나님의 기록된 말씀을 둔 것이다.

둘째, 목자들과 동방박사들은 하나님의 부르심에 순종하였다. "미지와의 조우"(Close Encounters of the Third Kind)라는 영화에서 많은 사람들은 곧 지구를 방문하려고 하는 외계인들에게 초대를 받는다. 영화는 우주선에 내려올 때 만남의 장소에 있으려는 사람들의 영웅적인 노력에 초점을 맞춘다.

그러한 초대는 목자들과 동방박사들이 받았던 종류의 초대였다. 그러나 목자들과 동방박사들이 받은 초대는 훨씬 더 중대한 만남으로의 초대였다. 이것은 단순히 지구 밖 외계인들과의 만남 수준이 아니었다. 이것은 우주 그 자체이신 바로 하나님과의 만남을 의미했다. 목자들과 동방박사들이 받은 초대는 하나님의 독생자이신 예수님의 탄생으로의 초대였다.

목자들 혹은 동방박사들이 이와 같이 전례 없는 초대를 거절하는 장면을 상상할 수 있겠는가? 동방박사들은 예루살렘으로부터 아주 먼 곳에 살았으며 메시아의 별을 통해 아기의 탄생에 대하여 알아차렸다. 그들은 다음과 같은 핑계를 댔을 수도 있다.

"저 별은 아마도 유대에서의 왕의 탄생을 알려주는 것 같아. 물론 아닐 수도 있어. 어찌 되었든 예루살렘까지는 너무 멀어. 우리가 굳이 가지 않더라도 다른 사람들이 그분께 경의를 표할거야. 우리까지 갈 필요는 없어. 우리는 여기에 있는 것이 더 좋을 것 같아."

목자들도 마찬가지로 그 초대를 거절할 수 있었다.

"우리는 그분을 알현하기에 적절한 옷을 입지도 않았고 가지고 갈 것도 아무것도 없어. 그리고 우리는 천사들을 통해 알려진 그분께 어울리는 사람들도 아니야."

목자들은 심지어 이렇게 질문할 수도 있었다.

"하지만 누가 우리를 위하여 양을 돌봐줄까? 우리가 책임

져야 할 일들을 누가 도와 줄까?"

그러나 동방박사들도 목자들도 이러한 핑계를 대지 않았다. 핑계를 대기보다 오히려 목자들은 이렇게 말했다.

> 천사들이 떠나 하늘로 올라가니 목자가 서로 말하되 이제 베들레헴으로 가서 주께서 우리에게 알리신 바 이 이루어진 일을 보자 하고(눅 2:15).

당신이 당시 사회계층에서 아주 낮은 위치에 있었던 이 목자들처럼 혹은 유대에서 일어난 일로부터 아주 멀리 있었던 동방박사들처럼 하나님께 순종하며 살았는지는 나는 알지 못한다. 분명한 것은 당신은 성탄절 이야기를 알고 있다는 것이다. 당신은 심지어 성탄절이 죄인들을 위한 예수님의 죽음을 의미하는 복음과 관련됨을 알고 있다. 그리고 당신은 다음과 같은 그리스도의 초대를 알고 있다.

> 수고하고 무거운 짐 진 자들아 다 내게로 오라 내가 너희를 쉬게 하리라(마 11:28).

당신은 이러한 초대에 응한 적이 있는가? 당신은 하나님의 부르심에 순종한 적이 있는가? 그렇게 한 적이 없다면 당신은 성탄절을 아직 발견하지 못한 사람이다. 그리고 앞으로도 당신은 발견하기 힘들 것이다.

셋째, 목자들과 동방박사들은 소식을 접하고 베들레헴으로 감으로써 하나님의 부르심에 순종하였고 결국 구세주를 발견하였다. 이것이 바로 그들이 경험한 이야기의 절정이며 최고의 순간이다. 그들은 천사들의 말과 별이 준 메시지가 틀리지 않았다는 것을 확신하였다. 그들은 하나님의 의사소통이 거짓이 아님을 깨달았다. 하나님의 아들이 태어나셨다. 구원자가 오셨다. 그분은 하고 있던 일들을 미뤄놓고 자신에게로 온 모든 사람들을 위하여 그곳에 계셨다.

이러한 상황은 오늘날에도 동일하다. 우리 시대 사람들은 그리스도를 발견하기가 어려운 것처럼 말한다. 그들은 마치 종교를 통해 하나님에 관한 진리에 이르는 길을 발견하기가 어려운 것처럼 행동한다. 이 얼마나 엄청난 오해인가! 이처럼 말하는 것은 하나님은 길을 잃으셨기 때문에 그분을 발견하는 것은 전적으로 우리에게 달려있다고 주장하는 것과 같다.

그러나 그분은 길을 잃지 않으셨다. 진리 또한 길을 잃지 않았다. 길을 잃은 것은 우리 자신이다. 문제는 하나님과 그분의 복음에 있는 것이 아니라 바로 우리 안에 있다.

진리를 발견할 수 없다고 말하지 마라. 예수님은 "내가 곧 길이요 진리요 생명이니"(요 14:6)라고 말씀 하셨다.

예수님은 성경에 소개되어 있다. 그분을 찾고자 한다면 당신은 성경을 읽어야 한다. 성경을 읽으면서 이렇게 기도하라. "하나님, 저는 종교에 관한 진리가 무엇인지 확실히 모릅니다. 그러나 당신이 존재하신다면 그리고 예수 그리스도가 당신의 진정한 아들이시고 당신이 세상에 보내신 구원자시라면 제가 성경을 읽을 때 그것을 발견할 수 있게 도와주시리라 믿습니다. 예수님이 구원자시라면 저는 그분을 발견하기 원합니다. 제가 그분을 발견한다면 사는 날 동안 그분의 제자가 되고 그분을 섬길 것을 약속합니다."

어떤 사람이 성경 교사인 르우벤 A. 토레이(Reuben A. Torrey)에게 와서 자신은 기독교를 열심히 탐구하였지만 결국 아무것도 없었다고 불평한 적이 있다. 그에게 기독교는 완전히 가짜였다.

토레이는 그에게 요한복음을 읽고 방금 내가 소개한 기도 내용을 따라 기도할 것을 권하였다. 그 사람은 여전히 기독교에는 아무것도 없다고 확신하였지만 그렇게 해보기로 하였다. 두 사람은 몇 주 후에 다시 만났고 토레이는 그 사람에게 영적 여정이 어디까지 왔는지를 물었다.

그 사람은 "당신도 알다시피 기독교에는 무언가가 분명히 있었습니다. 당신의 제안을 따른 이후로 저는 마치 나이아가라 강 물살에 휩쓸리는 것 같은 기분을 느끼고 있어요. 한가지 분명한 것은 제가 복음을 전하는 감리교 성도가 될 것이란 거예요."

몇 주가 더 지난 후에 두 사람이 다시 만났을 때 그 사람은 확실한 그리스도인이 되어 있었다. 그는 "저는 어떻게 제가 복음을 들을 수 있었는지 아직도 이해할 수 없어요."[1]라고 증언하였다. 당신이 아직 그리스도인이 아니라면 진실한 마음으로 예수님의 탄생, 삶, 죽음 그리고 부활에 관한 기록들에 관심을 기울여라. 이것만으로도 이 사람의 이야기가 당신의 이야기가 될 수 있다.

목자들과 동방박사들의 경험에 관한 이야기는 발견에서 멈추지 않았다. 더 멀리 나아갔다. 그들은 초대를 받았고, 하나님의 부르심에 순종하였으며, 구원자를 발견하였다. 그리고 구원자를 발견하게 되면서 동일한 반응을 보였다.

---

1  Reuben A. Torrey, *The Bible and Its Christ* (New York: Revell, 1904), 53-57.

넷째, 목자들과 동방박사들은 구원자를 발견하고 경배했다. 우리는 동방박사들의 이야기에 이 사실이 분명하게 언급된 것을 본다.

> 집에 들어가 아기와 그의 어머니 마리아가 함께 있는 것을 보고 엎드려 아기께 경배하고 보배합을 열어 황금과 유향과 몰약을 예물로 드리니라(마 2:11).

목자들 역시 마찬가지이다.

> 목자들은 자기들에게 이르던 바와 같이 듣고 본 그 모든 것으로 인하여 하나님께 영광을 돌리고 찬송하며 돌아가니라(눅 2:20).

그들 모두는 하나님의 아들이신 아기 예수님께 경배했다. 여기서 덧붙여 한 가지 기억할 것은 천사들이 아기 예수님을 "주"와 동일시했다는 사실이다.

> 오늘 다윗의 동네에 너희를 위하여 구주가 나셨으니 곧 그리스도 주시니라(눅 2:11).

## 한 루마니아인의 성탄절

성탄절의 진정한 의미, 즉 그리스도가 구세주이심을 발견할 때 거기에는 항상 예배가 있기 마련이다. 그분을 발견할 때 예배는 어떠한 반대에도 상관없이 드려진다.

몇 년 전에 나는 루마니아의 침례교 목사인 조셉 톤이라는 분을 알게 되었다. 그는 복음에 대한 자신의 입장으로 인하여 공산당세력에게 추방당했고 지금은 미국에 있다.

최근에 그는 루마니아의 전통적인 성탄절에 관한 글을 썼다. 공산당세력들이 장악하기 전 루마니아의 모든 마을은 자기들만의 독특한 성탄절 축제를 준비하였다.

가정들은 전통적인 성탄절 축제의 중심이 되는 돼지 한 마리씩을 잡았다. 그리고 모든 사람들이 캐럴을 불렀다. 톤은 아이들이 성탄절 전날 새벽에 어떻게 새벽송을 돌았는지를 설명하였다. 아이들은 가방을 메고 집집마다 돌면서 노래를 불렀다. 그리고 견과류, 사과, 케이크 등을 선물로 받았다. 이는 미국의 아이들이 할로윈에 사탕을 받는 것과 비슷하였다. 저녁이 되면 십대 소년들이 집집마다 방문하였다. 십대 소년들은 더 많은 인원으로 구성되었으며 다양한 이야기와 전설을 묘사하는 공연을 준비하였다. 늦은 저녁이 되면 어른들이 집집마다 방문하였다. 서로 간의 묵은 감정들은 묻어두고 성탄절에는 교회에 모여 함께 예배를 드렸다.

이후 공산주의가 들어왔다. 성탄절은 더 이상 법정 공휴일이 아니게 되었다. 모든 사람들은 그날에도 여느 때처럼 일을 해야 했다. 많은 사람들이 오래된 전통을 그만 두게 되었다. 그러나 그리스도를 경배하고 그분의 탄생을 축하하는 일에 관심이 있는 진정으로 거듭난 사람들은 그만두지 않았다. 오늘날에도 루마니아의 모든 복음주의 교회들은 성탄절 당일뿐만 아니라 "성탄절 다음 날"인 12월 26일에도 아침에 혹은 저녁에 예배를 드린다. 그리고 새벽송도 계속하고 있다!

톤 목사는 오랜 세월 동안 경찰이 새벽송을 못하게 막았다고 증언한다. 지역 경찰이 심지어 침례교회 성가대를 공격하고 대원들 중 몇몇을 때린적도 있다고 한다.

그러나 성가대원들은 다음 해에도 계속해서 새벽송을 돌았고 그들에 대하여 감사한 마음을 가지고 있었지만 두려워서 함께하지 못했던 많은 사람들은 눈물을 흘리며 그들

을 환영해주었다고 한다.[2]

우리는 첫 번째 성탄절을 주시기 위해 오신 예수님을 믿는다고 고백해도 고통당하지 않는다. 우리가 루마니아나 그 외의 장소에서 고통을 당하는 이들과 환란을 같이해야 할 이유는 없다. 그러나 우리는 그들과 같은 믿음을 가진 사람들이다.

우리의 경험은 그들의 경험과 같다. 또한 우리와 그들의 경험은 목자들과 동방박사들 그리고 각 시대에서 성탄절을 발견한 모든 사람들의 경험과 같다. 우리는 예수님을 발견하였고 하나님의 부르심에 순종하였다. 또한 우리는 예수님을 경배하였다.

> 경배하세 경배하세 나신 왕께 절하세
> (새찬송가 118장).

---

[2] Joseph Ton, "The Traditional Christmas in Romania", *The Voice of Truth*, November-December 1982, 1.

# The Christ of Christmas

## 11장

# 신앙의 예물들

마태복음은 우리에게 아기 예수님이 태어나신지 약 2년이 지난 후 동방박사들이 그분을 경배하기 위해 왔다고 말한다. 이 단순한 이야기는 많은 나라에서 성탄절 동안 다루어졌다. 또한 이는 매우 쉽게 상상할 수 있는 사건이기 때문에 문학과 예술 분야에서 폭넓게 활용되었다.

성경의 이야기를 통해서 우리가 동방박사들에 관해 알 수 있는 것은 사실 거의 없다.

수백만 개의 성탄절 카드들은 구유 안에 있는 작은 아기에게 예물을 드리는 세 왕들을 묘사한다. 사람들은 "동방박사 세 사람"이라고 노래를 부른다. 그러나 우리는 예물을 가져온 동방박사들이 세 사람이었는지 확신할 수 없다. 성경은 우리에게 그들이 정말 왕이었는지 그리고 언제 그들이 베들레헴에 도착하였는지 말해주지 않는다. 오랜 여행과 두 살 아래 모든 아기들을 죽이라는 헤롯의 명령에 비추어 볼 때 동방박사들은 아기 예수님이 이미 어린 아이가 되셨을 때 도착했을 수도 있다.

이야기 자체는 단순하다.

> 헤롯 왕 때에 예수께서 유대 베들레헴에서 나시매 동방으로부터 박사들이 예루살렘에 이르러 말하되 유대인의 왕으로 나신 이가 어디 계시냐 우리가 동방에서 그의 별을 보고 그에게 경배하러 왔노라 하니(마 2:1-2).

성경은 동방박사들이 헤롯에게 어떻게 문의했으며 또한 어떻게 별의 인도를 받아 베들레헴의 아기를 발견했는지를 말해 준다.

> 집에 들어가 아기와 그의 어머니 마리아가 함께 있는 것을 보고 엎드려 아기께 경배하고 보배합을 열어 황금과 유향과 몰약을 예물로 드리니라 그들은 꿈에 헤롯에게로 돌아가지 말라 지시하심을 받아 다른 길로 고국에 돌아가니라(마 2:11-12).

동방박사들에 관한 정보가 아주 적게 주어졌다는 사실은 마태의 관심이 동방박사들 자체에 있지 않았음을 보여준다. 오히려 마태는 이방인들이 유대의 메시아를 경배하기 위하여 예물을 가지고 왔다는 사실에 관심이 있었다. 한 문학 비평가는 동방박사들의 예물에 특별한 주의를 기울인다. 그 예물은 아기 예수님이 발견되신 후 마지막에 등장하기 때문이다.

## 왕의 금속

왜 황금이 예수님께 적절한 예물인지를 아는 것은 어렵지 않다. 황금은 왕의 금속이다. 황금이 예수님께 드려졌다는 것은 그분의 통치권을 인정했다는 것이다.

언젠가 차로 그리스를 지나가고 있을 때 나는 고고학을 통해 왕에게 어울리는 금속으로 확인된 황금을 관찰한 적이 있다. 고대 그리스 미케네의 폐허들 안에는 도시의 왕들이 묻혀 있는 고대 무덤이 있다. 나는 아덴에 위치한 고고학 박물관에서 미케네의 유물들을 보았다.

여러 유물들 중에 역시 황금이 가장 현저하게 드러났다. 그리스 역사상 가장 귀한 유물들 중 하나는 아가멤논이라 불리는 순금 데스마스크이다. 고대 이집트 수도인 테베의 왕들의 골짜기에서도 정교한 매장 장식품들이 발견되었다. 이 골짜기에는 투탕카멘 왕의 관과 함께 역사적으로 같은 시대로부터 나온 황금 유물들이 있다.

종종 동방박사들이 아기 예수님께 황금을 가져온 것은 아기 예수님을 죽이려는 헤롯으로부터 탈출하는 데 필요한 자금을 요셉에게 공급하기 위해 하나님이 의도하셨다는 의견이 있었다. 그러나 그것이 혹시 맞는다 할지라도 예물 그 자체의 의미가 훨씬 더 중요하다. 동방박사들도 알고 있었듯이, 예수 그리스도는 왕이셨다. 그분은 만왕의 왕이셨다. 동방박사들은 황금으로 그분의 왕권을 암시하였다.

## 유향

왜 유향이 중요한지를 아는 것 역시 어렵지 않다. 유향은 성전 예배에서 사용되었다. 그것은 기름과 섞어 이스라엘의 제사장들에게 붓는 데에 사용되었다. 이는 하나님께 드리는 소제의 일부였다. 유향은 제사에 좋은 향기가 나게 하였다. 아마도 바울이 "이는 받으실 만한 향기로운 제물이요 하나님을 기쁘시게 한 것이라"(빌 4:18)고 말하며 빌립보 교인들의 헌물과 비교할 때 생각했던 것이 바로 유향일 것이다. 유향을 드림으로써 동방박사들은 (자신의 모든 삶을 성부 하나님께 드리고 그분을 기쁘시게 했던) 위대한 대제사장으로서의 그리스도를 암시하였다.

유향이 속죄제와 함께 사용되지 않았다는 것은 흥미롭다. 고기와 포도주로 드리는 제사는 죄를 위한 제사였으며 이러한 제사에서는 유향을 사용하지 않았다. 오직 소제에서만 유향이 사용되었다.

이러한 특징들을 볼 때 우리는 자연스럽게 유향이 예수님께 드려지는 것이란 생각을 하게 된다. 예수님은 죄가 없으셨다. 예수님의 대적들이 왔을 때 그분은 그들에게 다음과 같이 말씀하셨다.

> 너희 중에 누가 나를 죄로 책잡겠느냐 내가 진리를 말하는 데도 어찌하여 나를 믿지 아니하느냐(요 8:46).

그들은 아무 말도 하지 못했다. 또한 이 질문에 앞서 예수님은 "나는 항상 그가 기뻐하시는 일을 행하므로"(요 8:29)라고 말씀하셨다. 우리 중 그 누구도 이와 같은 말을 할 수 없다. 오직 예수 그리스도만이 죄가 없으시기 때문에 유향이 그분께 드려진 것이다.

도날드 그레이 반하우스(Donald Grey Barn house)는 그의 사역 초기에 다음과 같이 썼다.

> 우리는 이러한 예물들이 처음부터 그리스도의 영원한 왕권과 거룩함이 선포되었음을 상징하는 것으로 본다. 예수님은 구속사역을 실행하시기 위하여 하늘로부터 내려오셨다. 율법의 모든 요구를 충족시키기 위하여 그리고 성부 하나님의 뜻을 이루시기 위하여 모든 면에서 준비되셨다. 오직 그분만이 십자가에 달려 죽을 자격이 있으셨다. 그리고 그 십자가를 통해서만 세상은 구원될 수 있었다. 예수님의 삶은 그분이 십자가에 달릴 적임자이심을 보여주었다. 우리는 우리의 죄짐을 대신 지신 이가 죄가 전혀 없으신 분이심을 알기 때문에 갈보리에서 성취된 구원의 역사를 확신하며 붙잡는다.[1]

---

1 Donald Grey Barnhouse, *The Gift of Death* (Philadelphia: American Bible Conferences Association, 1935), 5.

## 죽음의 징표

황금은 그리스도의 왕권을 의미하고 유향은 그분의 삶의 완전함을 의미한다. 그리고 몰약은 그분의 죽음을 의미한다. 몰약은 주로 시체를 방부 처리하는 용도로 사용되었다. 장례절차는 비록 다르지만 오늘날처럼 그때에도 장례는 중요했기 때문에 몰약은 교역에 있어 중요한 품목이었다.

성경을 읽어보면 우리는 몰약이 고대 세계에서 얼마나 중요한 물품이었는지 알 수 있다. 예를 들면, 예수님의 장례를 위하여 니고데모는 몰약과 알로에 100파운드를 사용하였다. 두 가지 재료 100파운드가 단지 하나의 몸에 사용되었다고 한다면 엄청난 몰약의 양이 장례식 때마다 거래되었음이 분명하다.

요한계시록 2장에서 우리는 서머나라고 불리는 소아시아의 한 도시를 보게 된다. 이 도시의 이름은 사실 헬라어로 몰약을 의미한다. 이 도시는 몰약의 생산이 주요 산업이었기 때문에 서머나라고 불려졌다.

어떤 사람에게는 아기 예수님께 방부 처리를 할 때 사용되는 향신료를 드린다는 것이 불쾌하게 느껴질 수도 있다.

그러나 이 경우에는 전혀 불쾌한 일이 아니었다. 그것은 믿음의 예물이었다. 우리는 동방박사들이 그리스도의 사역에 관하여 어느 정도 미리 알고 있었는지 모른다. 그러나 우리는 구약성경이 그분의 고난을 예언하였음을 알고 있다.

시편 22편은 그분이 십자가에서 죽으실 것을 묘사한다.

> 내 하나님이여 내 하나님이여 어찌 나를 버리셨나이까 어찌 나를 멀리 하여 돕지 아니하시오며 내 신음 소리를 듣지 아니하시나이까(시 22:1).

예수님이 십자가상에서 "나의 하나님, 나의 하나님, 어찌하여 나를 버리셨나이까"(마 27:46)라고 외치셨을 때 인용하신 것이 바로 시편 22편의 한 구절이었다.

이사야 53:4-5은 이렇게 말한다.

> 그는 실로 우리의 질고를 지고 우리의 슬픔을 당하였거늘 우리는 생각하기를 그는 징벌을 받아 하나님께 맞으며 고난을 당한다 하였노라 그가 찔림은 우리의 허물 때문이요 그가 상함은 우리의 죄악 때문이라 그가 징계를 받으므로 우리는 평화를 누리고 그가 채찍에 맞으므로 우리는 나음을 받았도다(사 53:4-5).

그리스도는 우리 죄 때문에 고난 당하시고 죽기로 되어 있었다. 몰약은 그분의 사역의 이러한 국면을 상징하였다.

고대 세계에서 몰약은 몇 가지 다른 용도로 사용되기도 했다. 다른 용도 중 하나가 여기서 특별히 중요하다. 그 용도는 예수 그리스도가 거절하신 것이었다.

성경 연구에 있어서 종종 학생들은 표면적으로 서로 모순되는 구절들로부터 더 큰 교훈을 배우기도 한다. 모순되는 구절들을 더 자세히 연구해보면 그것들이 실제로는 어떤 진리를 가르치고 있는 것을 본다. 마가복음 15:23과 요한복음 19:30은 실제로 우리에게 어떤 영적인 것을 가르치고 있다.

> 몰약을 탄 포도주를 주었으나 예수께서 받지 아니하시니라 (막 15:23).

> 예수께서 신 포도주를 받으신 후에 이르시되 다 이루었다 하시고 머리를 숙이니 영혼이 떠나가시니라(요 19:30).

이 구절들 속에는 우리가 몰약의 부가적인 용도를 알 때 감지할 수 있는 모순이 들어 있다. 마가복음 15:23에서 우리는 그리스도가 십자가에 달리셨을 때 십자가형을 시행한 병사들이 그분께 몰약이 섞인 포도주를 주었고 그분은 그것을 거부하신 사실을 본다. 반면에 요한복음 19:30에서 우리는 나중에 다시 포도주가 제공되었을 때 그분이 그것을 받으셨음을 본다.

두 사건 사이의 차이는 무엇인가? 차이는 바로 첫 번째의 경우 고통을 완화시키는데 도움을 주는 몰약이 포도주에 섞여 있었다는 것이다. 예수님은 고통과 죽음이 가져다주는 모든 것을 견디시기 원하셨기 때문에 몰약을 탄 포도주를 받지 않으신 것이다. 이후 "목마를 때에는 초를 마시게 하였사오니"라고 말하는 시편 69:21을 성취하시기 위하여 그분은 뭔가를 요청하셨고 제공된 것을 마시셨다.

> 그들이 쓸개를 나의 음식물로 주며 목마를 때에는 초를 마시게 하였사오니(시 69:21).

몰약은 고통을 완화시키기 위하여 사용되었다. 그러나 예수님은 우리를 위하여 죽으실 때 죽음에 동반되는 모든 고통을 겪기 원하셨다.

## 고난의 끝

우리는 동방박사들을 통해 예수님께 드려진 황금, 유향, 몰약이 가진 각각의 영적인 의미를 살펴보았다. 왕되심을 위하여 황금을! 순결하신 삶을 위하여 유향을! 고난을 위하여 몰약을! 그러나 우리가 동방박사들의 예물들과 관계있는 또 다른 구절을 살펴보지 않는다면 이 연구는 불완전할 수밖에 없다.

그 구절은 바로 이사야 60:6이며 이 세대의 끝에 영광 중에 오실 그리스도에 관한 예언 가운데 나타난다. 이사야 60장은 "일어나라 빛을 발하라 이는 네 빛이 이르렀고 여호와의 영광이 네 위에 임하였음이니라"(사 60:1)라는 말씀으로 시작한다. 그리고 "나라들은 네 빛으로, 왕들은 비치는 네 광명으로 나아오리라"(사 60:3)라는 구절이 이어진다.

계속해서 이사야 60:6은 말한다.

> 허다한 낙타, 미디안과 에바의 어린 낙타가 네 가운데에 가득할 것이며 스바 사람들은 다 금과 유향을 가지고 와서 여호와의 찬송을 전파할 것이며(사 60:6).

당신은 이 구절의 중요성을 보고 있는가? 예수 그리스도가 다시 오실 때에는 동방박사들이 베들레헴으로 오는 것과 유사한 장면이 재연될 것이다. 예수님은 권능으로 다스리실 것이다. 예물들이 그분께 드려질 것이다. 드려지는 예물들은 오직 황금과 유향이 될 것이다. 몰약은 고난을 의미하기 때문이다. 예수 그리스도가 십자가에서 죽으셨을 때 그분은 우리의 죄로 인한 모든 고난을 겪으셨다. 그 이후로 예수님은 다시는 고난을 받으실 필요가 없게 되었다.

예수 그리스도는 우리의 죄를 대신해 죽으시기 위하여 이땅으로 오셨다. 이제 예수님을 믿는 자들은 영광 중에 그분의 재림을 기다린다.

당신은 예수님이 죽으시기 위해 오셨고 영원히 고난을 벗어나시기 위하여 죽음으로부터 일어나셨다는 진리가 첫 그리스도인을 만들었다는 사실을 아는가?

신약성경에서 볼 때 첫 그리스도인은 네 번째 복음서의 저자인 요한이다. 첫 부활 주일 아침 예수님이 죽음으로부터 일어나신 후 여자들이 무덤으로 와서 입구로부터 굴려진 돌을 발견하였고 또한 천사들을 만났다. 그들은 이러한 일들로 인하여 어찌할 바를 몰라 그들 중 한 사람을 예루살렘에 유일하게 남아있던 요한과 베드로에게 보냈다. 그리고 소식을 들은 요한과 베드로는 무덤이 있는 곳을 향해 달려갔다. 나이가 어렸던 요한이 먼저 도착했다. 요한은 무덤 입구 앞에 서서 안을 들여다보았고 십자가형 이후 예수님의 몸을 싸고 있었던 수의를 발견했다. 그는 예수님이 일어나셨다는 것을 이해하지 못했다.

요한이 입구에서 망설이고 있는 동안 베드로가 숨을 헐떡거리며 도착했다. 베드로는 즉시 무덤 속으로 뛰어 들어갔다. 그리고 요한은 조심스럽게 뒤따라 들어갔다. 무덤 안은 몰약의 냄새로 가득했다. 수의가 향 냄새와 함께 뭉개진 채로 거기에 있었다. 머리를 감고 있던 천도 거기에 있었다. 몰약도 거기에 있었다. 그러나 예수님의 몸은 사라지고 없었다.

그때 요한은 예수님이 돌로 막혀 있는 입구를 나가셨고 죽음을 이기셨다는 것을 깨달았다. 그분은 영광을 받으신 몸으로 일어나셨던 것이다. 그 사실을 이해했을 때 요한은 몰약에 의해 예표된 예수님의 고난이 영원히 끝났다는 것을 깨달았다. 무지로 인하여 성탄절의 의미를 놓치는 것은 애석한 일이지만 더 애석한 일은 그것을 보고 이해하고도 당신의 삶을 예수님께 드리기 실패하는 것이다. 그분은 당신을 위해 고난당하심으로 당신의 죄를 영원히 사하시려고 첫 성탄절에 태어나셨다.

세상은 성탄절에 관해 수많은 왜곡된 생각들을 가지고 있다. 어떤 사람들은 성탄절 이야기가 아기와 관련된 모성애 이야기라고 생각한다. 또 어떤 사람들은 "The Little Drummer Boy"같은 성탄절 노래처럼 우리가 하나님을 위해 무언가를 해야 한다고 생각한다.

사실 그분은 우리에게서 어떤 것도 필요로 하지 않으신다. 그러나 우리는 그분을 필요로 한다. 우리는 구원자가 필요하다. 이것이 바로 찰스 웨슬리(Charles Wesley)가 지은 위대한 찬송이 분명하게 말하는 바이다.

> 오랫동안 기다리던 주님 강림하셔서
> 죄에 매인 백성들을 자유 얻게 하시네
> 주는 우리 소망이요 힘과 위로 되시니
> 오래 기다리던 백성 많은 복을 받겠네
> 임금으로 오시니 영원토록 우리들을
> 친히 다스리시네
> (새찬송가 105장, Charles Wesley).

성탄절을 이해하는 것은 우리에게 구원을 주신 예수님을 이해하는 것이다.

## 우리가 드려야 할 예물들

나는 우리의 구세주되시는 그리스도께 우리가 아무것도 드릴게 없음을 언급했다. 우리는 우리의 믿음을 가지고 그분께 나아가야 한다. 우리는 믿음으로 황금, 유향, 몰약이라는 예물을 드려야 한다.

첫째, 당신은 몰약을 드려야 한다. 몰약은 그리스도의 죽음을 상징할 뿐만 아니라 죄로 인해 당신에게 임할 영적인 죽음을 상징하기도 한다. 당신은 다음과 같이 고백하면서 몰약을 주님의 발 앞에 내려놓아야 한다.

"저는 완전하지 못한 죄인입니다. 저는 저의 죄로 인하여 당신의 임재 안에 들어가는 것이 영원히 금지된 것을 압니다. 그러나 당신은 저의 죄를 대신해 죽으심으로 저의 죄를 사하셨습니다. 저는 그것을 믿습니다. 그래서 이제 저는 당신의 자녀로 영원히 용납해 주실 것을 당신께 간구합니다."

둘째, 당신은 유향을 드려야 한다. 몰약을 드린 후에는 당신의 삶이 예수 그리스도의 삶과 같이 순결하지 못하다는 것을 인정하는 유향을 드려야 한다. 성경은 사람에게는 선한 것이 하나도 없다고 가르친다. 그러나 성경은 또한 그리스도를 통해 그리스도인의 삶에 만들어진 선한 행위들이 "하나님이 기뻐하시는 향기롭고 거룩한 제사"가 된다고 가르친다.

셋째, 당신은 황금을 드려야 한다. 황금은 왕권을 상징한다. 그래서 황금을 드리는 것은 당신의 삶을 통치하시는 그리스도의 권위를 인정하는 것이다. 이는 "저는 당신의 종이며 당신은 저의 주인이십니다. 저의 삶을 지배하시어 당신을 높이고 섬기는 영적인 성숙함으로 이끄소서"라고 고백하는 것과 같다.

지금까지 살펴본 바와 같이 믿음의 예물들을 드린 적이 있는가? 몰약, 유향 그리고 황금이 의미하는 바를 진심으로 믿은 적이 있는가? 그렇다면 당신은 영적인 기쁨과 축복의 길로 들어선 사람이다. 이 세 가지는 모두 믿음의 예물들이다. 그리고 이 세 가지는 은혜로 우리에게 모든 것을 주신 예수님께 우리가 드릴 수 있는 유일한 예물들이다.

## 12장

# 다른 길로 돌아가는 것

『유명한 마지막 말들』이라는 제목의 오래된 기독교 소책자는 죽어가는 사람들의 말을 모은 책이다. 이 책의 요점은 그러한 마지막 말들이 매우 중요하다는 데 있다. 삶에 관한 개인의 철학이 적절한지를 보여주기 때문이다. 그 책은 나로 하여금 죽어가는 사람들의 마지막 말들뿐만 아니라 이야기, 시 그리고 소설의 마지막 말들의 중요성을 생각하게 만들었다.

어떤 이야기는 "그리고 그들은 영원히 행복하게 살았다"라는 말로 끝난다. 한편 성경은 다음과 같은 말로 끝난다.

> 주 예수의 은혜가 모든 자들에게 있을지어다 아멘
> (계 22:21).

언젠가 마태복음 2:12을 묵상할 때 조금은 특별한 생각들이 떠오른 적이 있다. 그 생각들은 특히 내가 "다른 길로"(by another route)라는 단어를 묵상할 때 떠올랐다.

> 그들은 꿈에 헤롯에게로 돌아가지 말라 지시하심을 받아 다른 길로 고국에 돌아가니라(마 2:12).

이 단어는 사실 성탄절 이야기의 마지막에 나타난다. 아기 예수님께 경배하러 온 동방박사들의 기록은 헤롯의 계획에 대해 천사들의 경고를 받은 요셉이 이집트로 도피하는 기록 앞에 나온다. 그러나 이러한 사건들은 솔직히 성탄절 이야기의 일부로 보이지 않는다.

오히려 이것들은 예수님의 탄생 이야기와 (약 30년 후에 예수님의 길을 예비하는 자로서의) 세례 요한의 등장 사이에 오는 중간 이야기라 할 수 있다. 사가랴에게 나타난 천사 이야기, 마리아와 요셉에게 나타난 천사 이야기, 두 아기의 탄생, 목자들에게 나타난 천사와 구유로 간 목자들, 별을 보고 베들레헴으로 이동한 동방박사들과 같은 성탄절 이야기들은 이 기록 앞에 온다.

모든 기록은 동방박사들이 "다른 길로" 고국으로 돌아갔다는 말씀 앞에 온다. 이 말씀은 그 자체로 특별히 중요한 의미를 지닌다. 이 말씀은 누군가가 진정으로 예수 그리스도를 만나고 경배했다면 그 순간부터 그 사람의 길은 분명히 달라질 것임을 보여주기 때문이다. 당신이 그분을 만났다면 당신의 길은 분명히 달라질 것이다.

나는 먼저 동방박사들의 삶에 나타난 변화를 보기 원한다. 그 후에 나는 우리가 예수님을 보고 경배했을때 나타나는 중요한 변화를 살펴볼 것이다.

## 더 현명해진 동방박사들

우리는 동방박사들의 변화에 대하여 많이 알지 못한다. 그들에 관한 이야기는 우리가 다루고 있는 말씀과 함께 끝나기 때문이다.

그들이 예수님의 실제적인 죽음과 부활 이전에 진정한 그리스도인이 되어서 돌아갔음은 분명하다. 그들에게 별을 보내시고 후에 환상으로 말씀하신 하나님은 그들이 예수 그리스도를 자신들의 구세주로서 믿기에 충분한 이해를 갖고 있음을 아셨다. 그렇지 않으면 우리는 하나님이 그들을 베들레헴으로 이끄신 이유가 단지 나중에 이방인들이 이스라엘의 구세주께로 돌아올 것을 보여주기 위함이라고 생각해야 한다. 나는 그러한 해석이 의심스럽다. 우리는 동방박사들의 변화에 대하여 특별히 들은 것이 없다. 그들이 변화되었다는 것을 의심하지는 않지만 어떻게 그리고 얼마만큼 변화되었는지 알 수 없는 것은 사실이다.

그러나 나는 그들의 변화에 대하여 우리가 완전히 암흑 속에 있다고 생각하지 않는다. 이야기를 세부적으로 보면 분명한 두 가지를 알 수 있다.

첫째, 동방박사들은 세상의 정치적인 왕을 보기 위하여 예루살렘으로 갔다. 그들이 예루살렘으로 갔다는 사실이 이를 말해준다. 예루살렘은 헤롯의 통치 아래 있는 나라의 수도였다.

동방박사들이 예루살렘으로 갔을 때 그들은 아기가 헤롯의 가족에게서 태어났을 것이고 유대사람들은 그 아기의 탄생을 기뻐하고 있을 것이라고 기대하고 있었다. 예루살렘은 그들이 찾던 곳이 아니었다.

그들은 그들의 기대에 따라 예루살렘 궁의 뜰로 간 것이다. 하지만 동방박사들이 찾았던 아기는 사실 베들레헴에 있었다. 그들은 다음과 같이 말하는 예언으로부터 그것을 알았다.

> 또 유대 땅 베들레헴아 너는 유대 고을 중에서 가장 작지 아니하도다 네게서 한 다스리는 자가 나와서 내 백성 이스라엘의 목자가 되리라 하였음이니이다(마 2:6).

처음에 동방박사들은 정치적인 왕을 찾기 위하여 갔지만 결국 영적인 왕을 발견하였다. 그들은 훗날 헤롯의 후임자인 빌라도에게 다음과 같이 말씀하실 이를 발견하였다.

> 예수께서 대답하시되 내 나라는 이 세상에 속한 것이 아니니라 만일 내 나라가 이 세상에 속한 것이었더라면 내 종들이 싸워 나로 유대인들에게 넘겨지지 않게 하였으리라 이제 내 나라는 여기에 속한 것이 아니니라(요 18:36).

적어도 동방박사들이 메시아에 대해 변화된 생각을 가지고 돌아갔다는 사실은 의심할 수 없다.

둘째, 동방박사들은 이 세상의 지도자들에 대해서 변화

된 생각을 가지고 돌아갔다.

헤롯은 그들을 이용하려 했다. 헤롯은 사실 아기 예수님을 죽일 작정이었지만 그들에게는 경배하기 원한다고 말했다. 처음에 동방박사들은 헤롯을 믿었다. 그러나 그들은 꿈을 통한 하나님의 경고를 통해 헤롯과 그의 의도에 관해 알게 되었다. 또한 동방박사들은 대제사장과 서기관들에 대해서도 변화된 생각을 가지고 돌아갔음이 분명하다. 그들은 이들 종교 지도자들이 자신들처럼 이스라엘의 왕을 찾는 일에 관심이 있을 것이라고 기대했을 것이다. 그러나 이스라엘의 종교 지도자들은 그리스도가 어디에서 태어날 것인지 알았음에도 그분을 경배하기 위해 8킬로미터 정도되는 (예루살렘에서 베들레헴까지의) 거리를 여행하는 일에는 전혀 관심이 없었다.

동방박사들이 이러한 모습을 감지하지 못했을 것이라고 생각하는가? 나는 그렇지 않다고 생각한다. 동방박사들은 자신들이 경배할 대상과 관련하여 그리고 세상의 통치자들에 대하여 변화된 생각을 가지고 고국으로 돌아갔을 것이다. 이는 분명히 동방박사들이 문자적으로 그리고 비유적으로 "다른 길로" 고국에 돌아갔음을 의미한다.

## 동방박사들의 길

이 시점에서 내가 당신에게 묻고자 하는 질문은 "당신은 동방박사들과 같은 경험을 한 적이 있는가?"라는 것이다. 예수님을 발견함으로 인하여 삶에서 당신의 길이 변화된 경험이 있는가? 아니면 당신은 여전히 옛날과 똑같은 길로 가고 있는가? 당신은 정치적인 왕 혹은 (현대적인 용어로 말하면) 당신의 문제에 대한 세상적인 해결을 찾고 있는 지도 모른다. 아니면 당신은 당신의 영혼 속에 하나님이 만드신 공간을 만족시키기 위하여 성공, 돈, 섹스를 추구하고 있는지도 모른다.

그렇다면 당신은 그것들 중 어느 것도 성공할 수 없다는 사실을 알 필요가 있다. 오직 하나님만이 하나님이 만드신 공간을 채우실 수 있다. 그러므로 당신은 예수님 안에서 하나님께로 가야 한다.

탄생을 통해 예수님은 하나님을 보여주셨다. 죽음을 통해 예수님은 죄로 인해 죽어가는 우리를 구원하셨다. 그리고 부활을 통해 예수님은 죄에 대하여 우리가 승리하게 하시고 언젠간 우리 역시 그분과 같이 거룩하고 복된 형상으로 변화될 것임을 보여주셨다.

당신은 이 세상의 통치자들의 지혜를 신뢰했을지도 모른다. 그러나 여러 가지 철학을 추구했어도 만족한 적은 결코 없었을 것이다. 이것은 전혀 놀랄 일이 아니다! 영적인 것들 안에서 하나님은 이 세상의 지혜를 아무것도 아닌 것으로 만드셨다.

참 지혜인 하나님의 지혜는 그분의 아들이신 예수 그리스도의 복음 안에서 계시된다. 하나님이 당신에게 요구하시는 것은 그분의 지혜를 배우고 구원을 발견하기 위하여 복음 안에서 예수님을 만나는 것이다. 당신은 십자가에서 예수 그리스도의 희생의 피를 통해 덮어진 당신의 죄를 발견하고 심판의 자리에서 하나님의 크신 은혜의 충만하심을 발견할 것이다.

우리의 길은 위험하다. 로마서는 "파멸과 고생이 그 길에 있어 평강의 길을 알지 못하였고"(롬 3:16-17)라고 말함으로써 그 위험을 묘사한다.

예수님은 다음과 같이 말씀하심으로 우리의 위험을 묘사하신다.

> 좁은 문으로 들어가라 멸망으로 인도하는 문은 크고 그 길이 넓어 그리로 들어가는 자가 많고 생명으로 인도하는 문은 좁고 길이 협착하여 찾는 자가 적음이라(마 7:13-14).

성경은 우리를 위한 하나님의 길이 그리스도와 함께 시작하며 전적으로 의롭고, 진실하며, 즐겁고, 완전하다고 말한다.

## 하나님의 길

내가 당신에게 새 길, 즉 하나님의 길을 추천해도 되겠는가? 이 길은 당신이 예수님께 올 때 발견하게 되는 길이다. 내가 하나님의 길을 추천하는 데에는 몇 가지 이유가 있다.

첫째, 하나님의 길은 바른 길이기 때문이다. 우리는 이사야 30장에서 이 길에 관하여 읽는다.

> 너희가 오른쪽으로 치우치든지 왼쪽으로 치우치든지 네 뒤에서 말소리가 네 귀에 들려 이르기를 이것이 바른 길이니 너희는 이리로 가라 할 것이며(사 30:21).

나는 당신이 혼란스러운 세상 속을 걸어가는 데 있어서 바른 길이 얼마만큼 필요하다고 생각하는지 잘 모른다. 내가 아는 것은 바른 길에 있지 않으면 우리는 모두 "길을 헤매는 자들"이라는 사실이다. 심지어 우리는 완전히 길을 잃기도 한다. 견고히 붙잡을 것이 없기 때문에 계속해서 움직인다 해도 결코 우리가 어디로 가고 있는지 그리고 어디로 가야하는지 우리는 알 수 없다.

예수 그리스도는 자신이 곧 길이라고 말씀하신다.

> 예수께서 이르시되 내가 곧 길이요 진리요 생명이니 나로 말미암지 않고는 아버지께로 올 자가 없느니라(요 14:6).

예수 그리스도는 구원의 유일한 길이시며 성부 하나님께로 가는 유일한 길이시다. 그분은 우리에게 이러한 위대한 구원을 말씀하시고 나서 우리 앞에 특별한 성도의 길을 보이신다.

바로 바른 길! 이것이 초대 그리스도인들이 때로 "그 길"로 가는 자들이라고 불린 이유이다. 그들은 잃어버린 자들이었지만 "그 길"이 그들에게 계시되었다. 그리고 그들은 하나님의 은혜로 "그 길" 위에서 걷도록 확정되었다.

나는 모든 목사들이 "그 길"을 가리키는 데 있어서 명확하기를 원한다. 나는 많은 사람들이 혼란을 느끼는 것이 두렵다. 몇 년 전에 나는 대영박물관에서 전시물에 관한 질문을 받은 안내인 이야기를 들었다.

한 방문객이 "누가 웰링턴이고 누가 나폴레옹인가요?"라고 물었다.

그러자 안내인은 다음과 같이 대답했다.

"당신이 원하시는 대로 하세요. 당신은 돈을 내셨기 때문에 원하시는 선택을 하실 수 있습니다".

오늘날 교회의 많은 설교자들과 교사들이 이 안내인처럼 보인다. 얼마 전 나는 어떤 노회의 위원들과 인터뷰를 한 젊은 신학생에 관해 들었다. 그는 위원회에 속한 사람들의 신학적인 지향성에 지나치게 관심이 있었다.

인터뷰가 끝나고 나서 그 젊은 신학생은 자신의 신학적 입장을 말했다.

그러자 어떤 사람이 그에게 다음과 같이 물었다.

"당신은 왜 그렇게 위원회에 속한 사람들의 신학적인 지향성에 관심이 많은가요?"

그는 "나는 세 가지 신학적인 입장을 가집니다. 하나는 자유주의적이고, 또 하나는 보수주의적이며, 나머지는 신정통주의적입니다. 나는 위원회가 가장 듣기 원하는 것을 읽기 원했습니다"라고 대답하였다.

나는 그러한 접근이 그 젊은 신학생의 사역을 특징지을 것임을 의심하지 않는다. 그는 청자들이 듣기 원하는 것만을 말할 것이다. 하지만 때로 그것은 하나님의 메시지는 아닐 것이다. 그가 어느 정도 까지는 성공할지 모르지만 모든 사람들 앞에 바른 길을 두시는 하나님이 주시는 복은 결코 받지 못할 것이다.

둘째, 하나님의 길은 완전한 길이기 때문이다. 그 길은 부족한 것이 아무것도 없다. 물론 때로는 그 길을 따라 걷는 것이 쉽지 않다. 우리는 그것을 인정한다. 그럼에도 불구하고 그 길은 완전하다.

그 길은 우리를 만드시고, 우리를 아시며, 우리가 그분이 의도하신 모든 것을 이루기를 바라시는 하나님에 의해 계획되었기 때문이다.

시편 18편은 이것을 분명히 가르친다. 이 말씀은 하나님이 우리 앞에 두신 길은 완전하신 하나님의 길처럼 완전하다고 말한다.

> 하나님의 도는 완전하고 여호와의 말씀은 순수하니 그는 자기에게 피하는 모든 자의 방패시로다(시 18:30).

> 이 하나님이 힘으로 내게 띠 띠우시며 내 길을 완전하게 하시며(시 18:32).

우리가 계획한 길은 완전한가?

결코 그렇지 않다. 완전했다면 우리는 그렇게 많은 실수를 하지 않았을 것이다. 그러나 우리를 위한 하나님의 길은 완전하다. 완전함 그 자체만으로 우리가 그분의 길을 따라야 하는 이유는 충분하다.

셋째, 하나님의 길은 보장된 길이기 때문이다. 다시 말해서 그 길은 우리가 가야 하는 곳으로 우리를 이끄는 인증된 길이다. 로마서 6:22은 이렇게 말한다.

> 그러나 이제는 너희가 죄로부터 해방되고 하나님께 종이 되어 거룩함에 이르는 열매를 맺었으니 그 마지막은 영생이라(롬 6:22).

왕의 길을 따라 출발하면 언젠가는 분명히 왕의 종착점에 도달하게 되어 있다.

하나님의 길을 전심으로 믿고 그 진리를 자기 것으로 받아들인다면 큰 변화가 일어날 것이다.

많은 그리스도인들이 신앙생활에 있어서 태도가 분명하지 못하다. 간혹 첫 걸음을 내딛지만 두려움으로 인하여 곧바로 뒷걸음을 친다. 앞으로 가지만 여전히 그것이 바른 길인지 확신하지 못한다. 그리고 주변을 둘러보며 주저하다가 결국 다른 길로 가버린다. 그러나 이것은 신앙생활을 이루어가는 방법이 아니다.

주님은 우리 앞에 보장된 길을 두셨다. 그 길은 지금의 우리 삶을 거룩함으로 이끌고 이후에는 하나님과 함께하는 충만한 삶으로 이끈다. 우리는 하나님과 함께 걸음으로써 확신 가운데 있어야 한다. 물론 이 확신은 우리 안에서의 확신이 아니다. 이 확신은 바로 우리 앞에 완전한 길을 두신 예수 그리스도 안에서의 확신이다.

넷째, 하나님의 길은 기쁨의 길이기 때문이다. 우리는 각각의 성탄절 이야기 안에서 그리스도의 탄생을 경험한 이들이 모두 기쁨으로 반응한 것을 보았다. 마리아가 세례 요한이 태어나기 전 엘리사벳에게 갔을 때 엘리사벳은 그녀를 맞이하면서 다음과 같이 말하였다.

> 보라 네 문안하는 소리가 내 귀에 들릴 때에 아이가 내 복중에서 기쁨으로 뛰놀았도다(눅 1:44).

이에 마리아는 이렇게 응답하였다.

> 마리아가 이르되 내 영혼이 주를 찬양하며 내 마음이 하나님 내 구주를 기뻐하였음은(눅 1:46-47).

또한 천사로부터 "보라 내가 온 백성에게 미칠 큰 기쁨의 좋은 소식을 너희에게 전하노라"(눅 2:10)라고 들은 목자들은 다음과 같이 반응했다.

> 목자들은 자기들에게 이르던 바와 같이 듣고 본 그 모든 것으로 인하여 하나님께 영광을 돌리고 찬송하며 돌아가니라(눅 2:20).

동방박사들도 기뻐하였다.

> 그들이 별을 보고 매우 크게 기뻐하고 기뻐하더라(마 2:10).

당신은 그리스도 안에서 구원을 발견하고 삶의 어려움과

고민들이 그분 안에서 응답된 기쁨을 경험한 적이 있는가? 당신은 하나님이 당신을 사랑하신다는 것을 아는 기쁨을 발견한 적이 있는가? 그런 적이 없다면 당신은 아직 온전한 의미의 기쁨을 경험한 적이 없는 것이다. 그래서 나는 당신에게 하나님의 길을 추천한다.

다섯째, 하나님의 길은 유일한 길이기 때문이다. 우리의 관심을 끄는 아주 매력적인 다른 길들이 없다는 것은 아니다. 분명히 그러한 길들도 있을 것이다. 그러나 내가 의미하는 것은 하나님의 길이 그분께로 가는 유일한 길이라는 것이다.

당신이 숲 속에서 길을 잃는다면 당신을 이끄는 여러 가지 길들이 있을 것이다. 그러나 당신이 머무는 곳, 친구들이 있는 곳을 곧바로 인도하는 길은 오직 하나이다.

이러한 원리는 영적으로도 마찬가지이다. 당신 앞에는 여러 길들이 있지만 당신을 하나님께로 이끄는 길은 오직 하나이다. 예수님은 다음과 같이 말씀하셨다.

> 내가 곧 길이요 진리요 생명이니 나로 말미암지 않고는 아버지께로 올 자가 없느니라(요 14:6).

또 다른 길을 만들려고 노력함으로 하나님을 모독하지 마라. 그것은 당신 자신을 망가뜨리는 길이다. 다른 길은 없다. "아버지께로 오는" 다른 길은 오직 좌절과 멸망의 길이다.

## 그리스도의 길로 행하라

당신이 그리스도를 통해 이미 하나님께로 왔고 이제는 하나님의 은혜로 그리스도의 길로 행하려고 노력하는 그리스도인이라면 그 안에서 걷기를 계속하라.

신앙생활을 하다보면 때로 어려움을 마주하게 된다. 하나님은 우리가 강해지도록 때로는 어려움을 허락하신다. 그러나 모든 어려움과 시련 뒤에는 또한 기쁨이 숨겨져 있다. 모든 근심과 낙심 뒤에는 큰 상급이 있다. 어떠한 상황에서도 포기하지 마라. 변화를 위해서 당신의 삶 가운데 그리스도의 임재를 받아들여라.

당신이 아직 그리스도의 길로 가고 있지 않다면 당신은 동방박사들이 했던 것처럼 해야 한다.

첫째, 동방박사들은 예수님을 찾았다.

사실 처음에 그들은 그리스도가 누구인지에 관해 착각해서 잘못된 곳에서 그분을 찾으려 했다. 그러나 그들은 그분을 계속해서 찾아다녔고 결국 만나게 되었다. 예수님을 만나기까지는 먼 거리와 자신들의 무지라는 문제 외에도 많은 어려움이 있었다. 그러나 어떤 것도 동방박사들을 막지 못했다. 그들은 어딘가에 구세주가 있다는 것을 확신했으며 그분과 함께 하기로 결심하였다. 그래서 그들은 그분을 만날 때까지 멈추지 않았다.

당신이 구원자를 찾지 못하도록 막는 낙담, 무지, 시련을 허락하지 마라.

둘째, 동방박사들은 예수님을 경배했다.

그리고 예수님을 발견한 후에도 거기서 멈추지 마라. 동방박사들이 예수님을 경배하고 섬겼던 것처럼 당신도 그분을 경배하고 섬겨라.

당신은 그분을 어떻게 예배할 수 있는가? 당신은 그리스도가 진정으로 영원하신 하나님이시고, 당신의 유일한 구세주이시며, 주님이시라는 것을 인정함으로써 그분을 예배할 수 있다.

예수님은 당신에게 어떠한 분이신가? 당신의 구세주이신가? 당신의 주님이시고 왕이신가?

당연히 그렇다. 아직 아니라면 지금 당장 그렇게 되어야 한다. 당신의 삶을 그분께 드릴 것인가? 그렇게 한다면 그분은 영광스러운 길을 당신 앞에 두실 것이다.

# The Christ of Christmas

# 4부
## 성탄절의 사람들

# The Christ of Christmas

## 13장

# 시므온의 시편

　당신이 성탄절 이야기에 나오는 인물들 중 누구에게 가장 끌리는지 모르지만 내가 관심을 가지는 사람들은 중심인물이 아니다. 물론 주님은 예외이다. 주님을 제외한 마리아, 요셉, 심지어 동방박사들과 목자들까지도 나에게는 큰 관심의 대상이 아니다. 나의 관심을 끄는 사람들은 바로 사가랴, 시므온, 안나 그리고 "예루살렘의 속량을 바라는 모든 사람"(눅 2:38)과 같은 무명의 사람들이다.

　인간적인 관점에서 볼 때 먼저 마리와 요셉, 그 다음에 동방박사들과 목자들 그리고 그 나머지 사람들을 고려하는 것이 자연스러울 것이다. 그러나 나는 아직까지 마리아와 요셉에 관해서 흥미롭게 설교하지 못했다. 나는 오히려 목자들과 동방박사들에 관해 설교하는 것이 더 편했다. 그러나 내가 스스로 가장 신나게 전했던 최고의 설교들은 중요하지 않은 무명의 사람들에 관해서였다. 내가 중요하지 않다고 하는 것은 단지 세상적인 관점에서 볼 때 그렇다는 의미이다. 하나님이 보시기에 그들은 전혀 보잘것없는 사람들이 아니었다. 진짜로 보잘것없는 사람들은 헤롯, 가이사 아구스도, 서기관들, 바리새인들 그리고 대제사장들이었다. 무명의 사람들이 더 중요한 이유는 그들이 "믿음"을 가졌기 때문이다.

나는 그리스도가 오시는 것에 대한 당시 사람들의 믿음이 아주 빈약했다고 생각한다. 분명히 세상은 그리스도가 오실 때에 어둠 속에 있었다. 지도자들은 그분을 찾지 않고 있었다. 예루살렘은 무감각속에 있었다.

그러나 이스라엘 내에서 성경을 탐구함으로써 예수 그리스도가 태어나실 것을 이해했던 진실하고 신실한 사람들도 있었다. 아마도 그들은 다니엘의 예언들을 연구함으로써 그때가 임박했다는 징후까지도 파악하고 있었을 것이다. 이러한 신실한 사람들은 그리스도의 오심을 간절하게 기다렸으며 하나님의 은혜로 그분이 오셨을 때 곧바로 알아볼 수 있었다.

이 사실은 아주 중요하다. 이는 하나님이 자신의 일을 행하실 때 세상이 중요하다고 생각하는 이들만을 선택하지 않으심을 보여주기 때문이다(고전 1:26-28). 그분은 영광을 자신에게 돌리도록 하기 위하여 미련하고 약한 자들을 선택해 오셨다.

### 하나님의 파수꾼

내가 말한 무명의 사람들 중 하나가 바로 누가복음 2장에서 언급된 시므온이다. 누가는 우리에게 시므온의 직업에 관해 말하지 않는다. 우리는 직업이 중요하다고 생각하지만 하나님은 그런 것에 크게 관심을 두지 않으신다. 누가는 우리에게 그가 어디에 살고 있는지 말하지 않는다. 또한 누가는 우리에게 그의 친척에 관해 말하지 않는다. 그리고 누가는 우리에게 그의 집이 어떤지, 그가 부자인지 아닌지, 그가 존경을 받는지에 관해 말하지 않는다. 누가가 우리에게 말하는 것은 시므온이 "의롭고 경건하여 이스라엘의 위로를 기다리는 자라"(눅 2:25)는 것이다.

나는 오늘날 하나님의 사람들이 모두 시므온처럼 의롭고 경건하여 하나님의 위로를 기다리기를 원한다.

시므온에게 하나님은 특별한 계시를 주셨다. 그는 하나님을 가까이하였으므로 하나님도 그를 가까이하셨다. 성령은 그의 삶 속에서 역사하셨다. 하나님의 영이 그가 그리스도를 보기 전에는 죽지 않을 것이라고 그에게 계시하셨다. 이는 시므온이 오시는 그리스도가 누구이신지를 가리켜줄 파수꾼과 같은 존재임을 의미한다.

나는 고전극에 나오는 한 예화를 떠올렸다. 아가멤논이라는 연극에서 한 파수꾼이 트로이의 멸망을 알려주는 봉화를 보기 위하여 언덕 위에 앉아있는 장면이 있다. 트로이가 무너졌을 때 그곳으로부터 거리가 먼 언덕 위에 주둔하고 있던 파수꾼이 볼 수 있도록 봉화가 밝혀졌다. 그리고 그 파수꾼은 더 멀리 떨어져 있는 또 다른 파수꾼이 볼 수 있도록 봉화를 밝혔다. 그리고 그 봉화는 최종적으로 (그리스 아래 지역에 있는) 에게 해 근교에 위치한 아가멤논의 궁에 이를 때까지 계속해서 밝혀졌다. 연극이 시작될 때 파수꾼은 언덕 위에 서 있었고 봉화는 아직 밝혀지지 않았다. 그는 임무 때문에 그곳에 묶여 있는 것을 슬퍼하고 있었다.

그러고 나서 그는 트로이의 멸망과 그곳의 사람들이 포로로 잡히는 것이 자신을 자유하게 할 것이라고 말한다. 그가 이러한 대사를 하고 있을 때 갑자기 봉화가 밝혀졌고 그는 해방되었다. 그리고 극이 시작되었다.

시므온은 그 파수꾼과 같았다. 그는 그리스도를 기다리고 있었다. 나는 시므온이 매일 성전이 있는 곳으로 가서 메시아가 오셨는지 알기 위하여 여기저기 둘러보고 다녔을 것이라고 확신한다.

"이 사람이 그리스도인가? 아니야! 저 사람이 그리스도인가? 아니야!" 어느 날 성전 안으로 들어가던 시므온은 나사렛에서 온 한 가난한 젊은 부부를 보았다. 그들은 이제 막 한 달이 된 아기를 안고 있었다. 그때 바로 성령은 이 아기가 구세주라는 것을 시므온에게 증거 하셨다.

시므온은 겉으로 드러난 모습에 실망하지 않았다.

그는 "하나님, 어떻게 당신의 메시아가 이와 같을 수 있나요? 저는 이 아기보다 훨씬 더 중요한 누군가를 기대했어요"라고 말하지 않았다. 그렇다. 그는 하나님이 자기에게 주신 그대로 받아들였다. 그래서 그는 마리아와 요셉에게 자신을 소개하며 "내가 그 아기를 안아 봐도 될까요?"라고 물었다. 그리고 자신의 팔에 세상의 구원자를 안은 것으로 인하여 영감을 받아 갑자기 노래를 부르기 시작했다.

> 주재여 이제는 말씀하신 대로 종을 평안히 놓아 주시는도다 내 눈이 주의 구원을 보았사오니 이는 만민 앞에 예비하신 것이요 이방을 비추는 빛이요 주의 백성 이스라엘의 영광이니이다 하니(눅 2:29-32).

이 노래는 짧지만 의롭고 경건했던 시므온이 이해한 진리들을 충분히 담고 있다.

## 하나님의 구원

시므온은 아기를 "주의 구원"이라고 말하였다. 우리는 시므온이 어떠한 히브리어 단어를 사용했는지 모른다. 우리가 가진 것은 시므온이 한 말에 대한 헬라어 번역이다. 그러나 헬라어 번역에 구원을 지칭하는 특별한 단어가 나온다는 것이 중요하다. 예를 들면, 소테르(σοτερ)가 "구원자"의 의미를 가졌음에도 불구하고 시므온은 하나님의 소테르

(σοτερ)가 나타났다고 말하지 않았다. 또한 시므온은 하나님의 소테리아(σοτερια)라고 말하지도 않았다. 이는 "구원"을 의미한다. 시므온이 한 말에서 나타난 단어는 "구원하기에 합당한 자"라는 의미를 가진 소테리온(σοτεριων)이다. 이 말이 아기가 "구원자"이며 "세상의 구원"이라는 의미를 포함하고 있는 것은 사실이지만 강조점은 분명히 "다른 그 누구도 성취할 수 없는 구원사역을 하기에 합당한 자"에 있다.

왜 그분은 구원하기에 합당하신가? 그것은 네 가지 이유가 있다. 간단히 말하면, 그분은 하나님이셨고, 사람이셨으며, 죄가 없으셨고, 사랑이셨기 때문이다.

첫째, 예수님은 하나님이셨다. 오직 하나님만이 인간의 필요를 충족시키실 수 있다. 우리 스스로는 우리의 필요를 충족시키지 못한다. 우리는 우리의 가장 위대한 순간 속에서도 여전히 죄를 가지고 있다. 심지어 우리가 선을 행할 때 조차도 악이 성행한다. 우리가 필요로 하는 것은 이 세상의 죄의 문제를 감당하기 충분하신 하나님이다.

둘째, 예수님은 사람이셨다. 몇 년 전에 내가 아는 한 부부는 의료 선교사역을 하기를 원했다. 그래서 그들은 오랫동안 그것을 위하여 준비하였다. 먼저 의과대학을 마쳤고 그리고 실습기간을 거쳤다. 그 부부가 우리 앞에 있었다면 우리는 다음과 같이 질문해 볼 수 있을 것이다.

"왜 당신들은 이 모든 준비를 하고 있나요? 왜 의과대학에서 4년 또 실습을 위하여 4년이란 시간을 허비하고 있나요? 왜 당장 현장으로 가서 그 일을 하지 않는 건가요?"

이러한 질문들을 들었다면 그들은 아마도 모든 준비들이 자신들이 하고자 하는 일에 필요하기 때문이라고 대답했을 것이다.

비슷한 방법으로 우리는 전능하신 하나님께 가서 다음과 같이 질문해 볼 수 있을 것이다.

"그런데 왜 하나님은 사람들을 바로 구원하지 않으신 건가요? 왜 예수님의 성육신을 거쳐야만 했나요?"

이 질문에 대해 하나님은 아마도 이렇게 대답하셨을 것이다. "이것이 내가 해야 할 준비이다. 나의 아들은 죽기 위하여 먼저 사람이 되는 것이 필요했다."

셋째, 예수님은 죄가 없으셨다. 스스로 죄가 없는 사람만이 다른 사람을 위하여 죽을 수 있다. 우리 중 한 사람이 예수 그리스도가 하신 것과 같은 일을 스스로 하고자 하여 "나는 아주 관대하고 모든 사람을 사랑합니다. 나는 사람들이 죄인이며 구원자가 필요하다는 것을 압니다. 그래서 나는 내 자신을 드리고자 합니다"라고 말한다면 그러한 주장은 어처구니없다고 밖에 할 수 없다. 우리 각 사람은 모두 죄인이다. 누군가의 죄를 대신해 죽어야 한다면 그 누군가는 바로 우리 자신이 될 것이다. 그러나 예수님은 죄가 없으셨다. 그분은 다른 이들을 위하여 죽으실 수 있었다. 또한 그분은 무한하신 하나님이시기에 무한한 사람들을 위하여 죽으실 수 있었다.

넷째, 예수님은 사랑이셨다. 완전하신 하나님이 사람이 되셨다. 그러나 그러한 분이 우리에게 관심도 없고 우리를 구원하는 것도 원하지 않으셔서 죽기를 꺼려 하셨을 수도 있다.

결론적으로 왜 하나님은 우리를 구원해야 하셨는가? 우리는 누구인가? 우리는 하나님에 대하여 아무런 권리도 가지지 않는다. 그분은 우리가 없이도 모든 것을 하실 수 있으시다. 그러나 마리아와 요셉에게 나타난 천사의 메시지 안에서 드러난 성육신의 목적은 예수님이 자신의 백성들을 죄로부터 구원하시기 위해 오셨다는 것이다. 시므온이 아기를 자신의 팔에 안고 "내 눈이 주의 구원을 보았사오니"

(눅 2:30)라고 말했을 때 그는 사실 "이 세상이 필요로 하는 것을 하시기에 완전히 합당하신 이가 여기에 있다"라고 말하고 있었던 것이다. 결론적으로 시므온이 가리킨 그분은 하나님이시고, 사람이시며, 죄가 없으시고, 사랑이시다.

## 어두운 세상

시므온은 예수님에 관해 또 다른 것을 말하였다. 그분이 "이방을 비추는 빛"(눅 2:32)이라는 것이다. 이 언급이 흥미로운 것은 당시에 이방인들은 넓은 측면에서는 이스라엘도 마찬가지이지만 총체적인 어둠 가운데 있었기 때문이다.

당신이 헤롯의 궁으로 가서 그에게 "이방세계가 어둠 가운데 있나요?"라고 묻는다면 헤롯은 분명히 "아니다! 이방세계는 로마제국인데 로마는 야만인들에게 빛을 가져다주었으므로 세상은 어둠 속에 있지 않다"라고 대답했을 것이다. 당신이 헬라 철학자들에게 같은 질문을 물었다면 그들은 "아마도 야만족들의 경우에는 그럴 수 있지만 헬라인들은 그렇지 않다. 우리는 철학을 가지고 있다. 우리는 플라

톤과 소크라테스, 에픽테토스 이외에도 다른 많은 철학자들을 가지고 있다"라고 대답했을 것이다.

그러나 당신이 성경으로 가서 같은 질문을 묻는다면 성경은 "세상은 어둠 가운데 있었을 뿐 아니라 지금도 여전히 어둠 가운데 있다"라고 대답할 것이다.

바울은 로마서 1장에서 이 사실을 자세히 설명하고 있다. 여기서 바울은 문제는 빛이 없어서가 아니라 사람들이 빛을 억압하고 스스로 어둠 속에서 머물러 있다는 것이라고 말한다. 하나님은 자연 속에 자신을 드러내셨다. 그러나 사람들은 자연 속에 나타난 하나님을 싫어하였기 때문에 그분을 알려고도 하지 않고 오히려 빛으로부터 등을 돌려버렸다. 빛으로부터 등을 돌림으로써 그들은 점점 더 어둠으로 나아가게 되었다.

> 하나님을 알되 하나님을 영화롭게도 아니하며 감사하지도 아니하고 오히려 그 생각이 허망하여지며 미련한 마음이 어두워졌나니 스스로 지혜 있다 하나 어리석게 되어 썩어지지 아니하는 하나님의 영광을 썩어질 사람과 새와 짐승과 기어 다니는 동물 모양의 우상으로 바꾸었느니라(롬 1:21-23).

바울은 또한 하나님에 대한 거부는 사람들을 부도덕 속으로 이끌었다고 주장한다. 이는 우리가 살고 있는 세상을 의미한다. 그리고 세상은 점점 더 어두워져 가고 있다.

미국은 한때 복음으로 인해 훌륭한 빛을 가진 적이 있다. 그러나 미국은 점차 그 빛을 잃고 세속화되고 있다. 우리의 세상은 종교적인 분위기와 성탄절 기분만을 즐기고 싶어한다. 반면에 그리스도는 철저하게 제쳐놓고 있다. 이것이 바로 어둠이고, 이단이며, 우상숭배이다.

### 하나님의 영광

시므온은 또한 예수님이 "주의 백성 이스라엘의 영광"(눅 2:32)이라고 말한다. 헬라어에서도 이는 소유격의 구조를 가진다. 이 사실은 많은 것을 의미할 수 있다. 이것은 "~의" 앞에 오는 내용이 뒤에 오는 내용의 주체가 된다는 의미에서 종속적인 소유격이 될 수 있다. 그래서 우리가 보는 "주의 영광"은 주가 영광의 근원이라는 의미를 가진다. 그리고 "~의" 앞에 오는 내용이 뒤에 오는 내용의 대상이라는 의미에서 목적적인 소유격일 수도 있다. 사실 이것이 맞는 말이다. "이스라엘의 영광"이라는 말이 한 영광이 이스라엘에게 주어졌다는 것을 의미하기 때문이다. 그리고 예수 그리스도가 바로 그 영광이시다.

오직 하나님만이 영광스러우시다는 의미에서 영광은 하나님과 관련이 있다. 시므온은 아기 예수님을 팔에 안았을 때 아기 예수님을 하나님으로 보았다. 또한 세상의 구주이시며 이스라엘의 영광이 되실 그리스도를 보았다.

## 두 개의 질문

나는 두 개의 질문으로 끝내고자 한다.

첫째, "예수님은 당신에게 하나님의 빛이시며 영광이신가?"라는 질문이다. 그분은 단지 성탄절에나 듣는 이야기 속 주인공이신가? 그분이 당신의 어둠을 밝히신 적이 있는가? 당신은 그분 안에서 하나님을 보았고 알게 되었는가? 이는 가장 중요한 질문이다. 질문에 대한 답을 잘 모르겠다면 당신이 이전에 예수님에 관하여 말하고, 생각하며, 다른 사람들과 나눈 것에 근거하여 찾아낼 수 있다.

성탄절 이야기에 나오는 각각의 사람들은 그리스도를 보고 그분이 누구인가에 대한 계시를 받았을 때 드러내놓고 그분에 대해 말하였다. 그리스도가 우리의 빛이 되셨을 때 우리는 그 빛이 엄청나다는 것을 알게 된다. 그리고 세상과 그 빛을 나누기 원하게 된다. 이러한 엄청난 계시가 주어졌는데 우리가 어떻게 침묵할 수 있겠는가?

둘째, "당신은 당신의 삶을 통하여 다른 사람들에게 예수님의 영광을 드러내는가?"라는 질문이다. 우리는 바로 이를 위해 부름을 받았다. 그리스도인이 된다는 것은 예수 그리스도를 보여줄 수 있는 사람이 된다는 것이다.

당신은 그분을 보여 줄 수 있는가? 당신은 그분의 영광을 반사하는 거울이 되어야 한다. 또한 당신은 그분의 모습을 보여주는 사진틀이 되어야 한다. 하나님은 황금틀이냐 아니면 평범한 나무틀이냐에 관심을 두지 않으신다. 그분이 관심이 있는 것은 당신이 비어 있는 틀이냐는 것이다.

당신이 스스로를 비울 때에 예수 그리스도가 당신 안에 자리하실 것이고 그때에야 사람들은 당신을 볼 때 그분을 보게 될 것이다.

## 14장

# 성탄절의
# 보잘것없는 사람들

    이 장은 성탄절 이야기 안에 나오는 사람들 중에 가장 중요하지 않은 사람들에 관한 것이다. 내가 이것을 쓰는 데에는 몇 가지 이유가 있다. 그중 하나는 세상에서 중요하다고 여겨지는 사람들에게 너무 많은 관심이 주어지기 때문이다. 나는 사람들이 스스로를 동방박사들처럼 여기고 싶어하는 것을 깨달았다. 그러나 당신은 스스로를 성탄절 이야기의 중요하지 않은 사람들처럼 여기는 이들에 관해서는 거의 들어본 적이 없을 것이다.

    우리는 종종 영적으로 가장 중요한 사람들이 인간적으로는 가장 중요하지 않은 사람들이라는 것을 보지 못한다. 우리는 영적으로 가장 중요한 사람들의 삶, 그들이 배운 것 그리고 하나님을 아는 지식이 그들의 성품에 미친 영향을 살펴봄으로써 위대한 영적 교훈들을 얻을 수 있다.

사도 바울이 이러한 원리를 다음과 같이 기록했다.

> 그러나 하나님께서 세상의 미련한 것들을 택하사 지혜 있는 자들을 부끄럽게 하려 하시고 세상의 약한 것들을 택하사 강한 것들을 부끄럽게 하려 하시며 하나님께서 세상의 천한 것들과 멸시 받는 것들과 없는 것들을 택하사 있는 것들을 폐하려 하시나니 이는 아무 육체도 하나님 앞에서 자랑하지 못하게 하려 하심이라(고전 1:27-29).

그러나 성탄절 이야기에서 가장 중요하지 않은 사람에 관해 쓰는 진짜 이유는 성탄절은 보잘것 없는 사람들을 위한 것이기 때문이다. 성탄절은 이 세상의 위대한 사람들을 위한 것이 아니다. 가이사 아구스도는 예수님의 탄생에 관해 아무것도 몰랐다. 로마의 상원의원, 헬라 철학자들, 장군들도 마찬가지였다. 심지어 유대의 대제사장들이나 산헤드린의 사람들조차도 몰랐다.

성탄절은 세상에서 중요하다고 여겨지지 않는 사람들을 위한 것이었다. 그리고 오늘날도 역시 그러한 사람들을 위한 것이다.

## 가장 중요하지 않은 사람

당신은 아마도 성탄절 이야기에서 가장 중요하지 않은 사람이라는 주제에 대하여 궁금해 하고 있을 것이다. 당신은 이미 내가 한 말을 통하여 가이사 아구스도나 헤롯 혹은 동방박사들은 아니라고 예측했을 것이다.

마태복음이 동방박사들에게 열두 절이나 할애한 것으로 보아 마태는 동방박사들이 아주 중요한 사람들이라고 생각했을 것이다.

목자들은 어떤가? 목자들은 가장 낮은 사회계층에 속하였다. 하지만 목자들 또한 자격이 안된다. 누가복음은 목자들에게 열두 절이나 할애하고 있기 때문이다. 그들은 사실 첫 성탄절에 등장하는 사람들 중 가장 널리 알려진 사람들이다.

시므온과 사가랴는 어떤가? 그들 역시 아니다. 누가는 시므온에 대해 총 열한 절을 할애했다. 또 사가랴의 이야기는 나중에 세례 요한이 된 그의 아들의 탄생 이야기를 포함하여 누가복음 1장의 2/3를 차지한다.

누가 성탄절 이야기에서 가장 중요하지 않은 인물인가?

가장 중요하지 않은 사람은 예수님의 탄생에 관한 누가의 긴 기록에서 세 절만 주어진 사람이다. 그 사람은 심지어 남자도 아닌 여자이다.

그녀의 이름은 바로 안나이다. 누가는 그녀에 관하여 이렇게 기록하였다.

> 또 아셀 지파 바누엘의 딸 안나라 하는 선지자가 있어 나이가 매우 많았더라 그가 결혼한 후 일곱 해 동안 남편과 함께 살다가 과부가 되고 팔십사 세가 되었더라 이 사람이 성전을 떠나지 아니하고 주야로 금식하며 기도함으로 섬기더니 마침 이 때에 나아와서 하나님께 감사하고 예루살렘의 속량을 바라는 모든 사람에게 그에 대하여 말하니라 (눅 2:36-38).

여기 성탄절 이야기에서 보잘것없는 사람들 중에서도 가장 보잘것없는 한 여인이 있다. 그녀는 과부였다. 그녀는 누가의 기록을 통해서 판단해 보건대 약 백 오세가 된 노인이었다. 그러나 누가의 기록을 볼 때 그녀는 성탄절 이야기에 나타나는 다른 어떤 사람들보다도 그리스도의 오심이 갖는 중요성을 잘 이해한 사람이었다.

## 예루살렘에서의 속량

선지자 안나가 그리스도의 오심에 관해 이해한 것은 무엇인가? 안나는 아기 예수님이 하나님이 이스라엘에 약속했던 구원자가 되실 것을 알았다. 안나가 예루살렘의 속량을 기다렸던 모든 사람에게 그분의 탄생을 알린 것을 보면 이를 알 수 있다.

그것은 참으로 놀라운 일이었다. 그러나 우리는 속량의 의미를 완전히 깨달을 때 그것이 얼마나 놀라운 것인지 더욱 제대로 이해할 수 있다.

영어로 "속량"(redemption)이라는 단어의 접두어는 "다시"(again)라는 뜻을 가진 "re"이다. 그리고 단어의 주요 부분은 "사다"라는 뜻을 가진 어근에 근거하고 있다.

결론적으로 "속량"(redemption)이라는 것은 어떤 것을 되사거나 다시 구매하는 행위를 의미한다. 예를 들면, 우리는 전당포에 저당을 잡힌 물건을 다시 구입하는 것과 관련해 이 말을 사용한다. 또한 이 말은 재정적인 채무관계를 해소하기 위하여 발행된 여러 가지 채권을 다시 사는 행위를 가리킨다.

이것이 속량에 대한 기본적인 의미이다. 그러나 성경에 기록된 시대에는 이 단어가 노예의 신분을 풀어주는 행위를 가리킬 때 주로 사용되었다. 이로 인해 이 단어는 특별한 의미를 가지고 있다. 당시 노예는 누군가가 완전히 속량에 필요한 대가를 치른다면 자유를 얻을 수 있었다.

성경에서 속량을 나타내기 위하여 사용된 다양한 단어들 중에는 "노예들을 파는 시장에서 사람을 산다"라는 의미를 가진 "아고라조"(agorazō), 결코 다시 시장에서 팔리지 않도록 "사서 시장 밖으로 데려왔다"는 의미를 가진 "엑사고라조"(exagorazō), "풀려나다" 혹은 "자유롭게 되다"는 의미를 가진 "뤼오"(luō), 등이 있다.

성경에서 영적인 의미로 사용될 때 속량은 모든 사람들이 죄의 노예로 팔렸고 또 죄 가운데에서 이리저리로 끌려 다녔지만 결국 예수 그리스도가 그들을 되사기 위하여 노예를 파는 시장에 들어가셨다는 것을 의미한다. 그분은 죄인들을 사서 영원히 밖으로 데려오기 위하여 그 시장에 들어가셨다.

우리의 속량을 위해 지불된 값에 대한 언급은 성경의 곳곳에서 나타난다. 베드로는 이렇게 기록했다.

> 너희가 알거니와 너희 조상이 물려 준 헛된 행실에서 대속
> 함을 받은 것은 은이나 금 같이 없어질 것으로 된 것이 아
> 니요 오직 흠 없고 점 없는 어린 양 같은 그리스도의 보배
> 로운 피로 된 것이니라(벧전 1:18-19).

우리의 속량의 값은 그리스도의 피였다. 우리는 제임스 그레이(James M. Gray)가 지은 시에서 그 사실을 발견한다.

> 은이나 금으로도 나를 속량하지 못했고
> 세상의 부요도 나의 가난한 영혼을 구할 수 없었네
> 십자가의 피만이 나의 샘물이시며
> 나의 구세주의 죽음이 이제 나를 온전케 하네.
>
> 은으로도 나를 속량하지 못하고
> 금으로도 나를 사지 못하네
> 말할 수 없는 사랑의 소중한 값인
> 그리스도의 피 값으로 나를 사네.

선지자 안나는 예루살렘에 있는 사람들을 위하여 일하시려는 하나님을 기다리고 있었다. 그래서 그녀는 아기 예수님을 보았을 때 언젠가 인간의 속량을 위한 값을 지불하실 분이라는 것을 알아보았다.

성탄절은 구유 안에 누인 아기의 탄생에 관한 아름다운 이야기가 아니다. 또한 동방박사들의 예물과 관련된 이야기 혹은 천사들의 황홀한 찬양 이야기도 아니다. 성탄절의 핵심은 다음과 같은 사실 안에 있다.

> 하나님이 세상을 이처럼 사랑하사 독생자를 주셨으니 이는 그를 믿는 자마다 멸망하지 않고 영생을 얻게 하려 하심이라 (요 3:16).

## 많은 이들 중에 하나

어떤 사람들은 안나가 속량을 기대했다는 것이 터무니없다고 생각할 수도 있다. 그러나 그녀는 실제로 그렇게 했으며 속량을 기다린 많은 이들 중의 하나였다는 누가의 진술은 그 사실을 뒷받침하고 있다. 누가는 그녀가 예수님을 본 후에 다음과 같이 행동했다고 말한다.

> 마침 이 때에 나아와서 하나님께 감사하고 예루살렘의 속량을 바라는 모든 사람에게 그에 대하여 말하니라(눅 2:38).

나는 예수 그리스도가 하신 일들에 대하여 매우 무관심한 오늘날에 비추어 볼 때 이 사실이 매우 고무적이라고 생각한다.

그리스도가 계시던 시대에는 오늘날과 마찬가지로 그분의 오심을 깨닫지 못하거나 무관심한 사람들이 허다했다. 바리새인들도 구원자를 기다렸는데 그들이 기다린 구원자는 이스라엘에게 힘을 가져다 주고 주둔하고 있는 로마 군대를 몰아낼 수 있는 지도자였다. 그들은 오실 메시아가 그러할 것이라는 잘못된 선입견을 가지고 있었기 때문에 구원자로서의 그리스도의 오심을 간과하였다.

또한 에세네인들이 있었다. 이 열혈 금욕주의자들은 모세와 같은 새로운 교사를 기다렸다. 그러나 예수님은 그들의 금욕주의 울타리 안으로 들어오지 않으셨고 그들의 교리 또한 가르치지 않으셨기 때문에 그들 역시 그리스도의 오심을 간과하였다. 바리새인들은 정치적 메시아를 기다렸고 에세네인들은 위대한 교사를 기다렸다. 사두개인들은 아무것도 기다리지 않았다. 그러나 분명히 예루살렘의 구원자를 기다린 사람들도 있었다.

이는 앞선 모든 시대에서도 똑같았다. 왜 오늘날 구약시대의 성도들이 천국에 있는가? 그들이 유대인이고 선한 일을 했기 때문인가? 아니면 그들도 역시 하나님의 구원자를 기다렸기 때문인가?

아브라함이 오늘날 천국에 있는 것은 그가 갈대아 우르를 떠나 가나안 땅으로 갔기 때문도 아니며, 그의 종교 때문도 아니다. 물론 그의 인격 때문도 아니고 그의 순종 때문도 아니다.

하나님은 그에게 위대한 유산을 약속하셨고 아브라함은 하나님의 약속을 믿었다. 아브라함이 믿었던 가장 위대한 약속은 그의 족보에서 나올 씨를 통하여 하나님이 모든 사람들과 나라에 구원의 축복을 주실 것이라는 약속이었다. 아브라함이 천국에 있는 것은 그가 하나님이 그 일을 하실 것을 믿었기 때문이다.

야곱은 어떤가? 왜 그는 천국에 있는가? 그의 종교 때문이었는가? 아니면 그가 아브라함의 족보에서 태어났기 때문이었는가?

야곱이 천국에 있는 것은 구원자를 기다렸기 때문이다. 그가 죽을 때에 자신의 아들 유다에게 구원자에 대해 어떻게 말하고 있는가?

> 규가 유다를 떠나지 아니하며 통치자의 지팡이가 그 발 사이에서 떠나지 아니하기를 실로가 오시기까지 이르리니 그에게 모든 백성이 복종하리로다(창 49:10).

야곱이 천국에 있는 것은 그 또한 구원자를 기다렸기 때문이다.

다윗은 어떤가? 다윗은 그가 가진 성품 때문에 천국에 있는 것이 아닌가? 다윗은 심지어 하나님께로부터 "내 마음에 맞는 사람이라 내 뜻을 다 이루리라"(행 13:22)라는 말까지 들었다. 그러나 이러한 질문에 다윗은 아마도 이렇게 대답했을 것이다.

"내 성품 때문이라고요? 내가 밧세바와 간통을 하였으며 그녀의 남편을 죽임으로써 그것을 덮으려 했던 것을 모르시나요? 내가 천국에 있는 것은 나의 구원자이시며 나의 백성들의 구원자로 약속된 그분을 기다렸기 때문입니다. 나는 하나님이 그분께 영원히 지속되는 왕국을 약속하셨음을 깨달았습니다."

다윗이 천국에 있는 것은 아브라함 그리고 야곱과 마찬가지로 그가 구원자를 기다렸기 때문이다.

이사야는 어떤가? 그 또한 구원자를 기대했는가? 당연히 이사야 역시 구원자를 기대했다. 이사야는 이렇게 말했다.

> 그는 실로 우리의 질고를 지고 우리의 슬픔을 당하였거늘 우리는 생각하기를 그는 징벌을 받아 하나님께 맞으며 고난을 당한다 하였노라 그가 찔림은 우리의 허물 때문이요 그가 상함은 우리의 죄악 때문이라 그가 징계를 받으므로 우리는 평화를 누리고 그가 채찍에 맞으므로 우리는 나음을 받았도다 우리는 다 양 같아서 그릇 행하여 각기 제 길로 갔거늘 여호와께서는 우리 모두의 죄악을 그에게 담당시키셨도다(사 53:4-6).

구원자에 대한 기대는 언제나 하나님의 자녀들의 믿음이었으며 이러한 연유로 예수님의 구속사역은 언제나 성탄절 이야기의 중심에서 발견되었다.

성탄절 이야기에서 요셉에게 나타난 천사는 다음과 같이 말했다.

> 아들을 낳으리니 이름을 예수라 하라 이는 그가 자기 백성을 그들의 죄에서 구원할 자이심이라(마 1:21).

모든 시대에서 하나님은 언제나 이 구원자를 바라보고 기대하는 사람들을 지켜보고 계셨다. 고대에는 아브라함,

야곱, 다윗, 이사야, 말라기와 같은 사람들이 있었다.

그리고 그리스도가 계시던 시대에는 사가랴, 세례 요한, 요셉, 마리아, 시므온, 안나와 같은 사람들이 있었다.

오늘날에도 역시 수백만의 성도들이 있다. 당신도 그들 중의 하나인가? 예수 그리스도가 당신의 구원자이심을 믿는가? 그렇다면 이 땅에 오셔서 안락함에 머물지 않으시고, 당신을 위하여 죽으셨으며, 지금은 내주하시는 성령을 통하여 당신의 삶을 고양시키시고, 결국에는 당신을 천국으로 이끄실 그분을 믿지 않고 성탄절을 보내는 것이 과연 옳다고 생각하는가?

## 다른 사람들에게 말하기

이 놀라운 여인 안나에 관하여 주목해야 하는 한 가지 이유가 더 있다. 누가는 안나에 대하여 다음과 같이 말한다.

> 마침 이 때에 나아와서 하나님께 감사하고 예루살렘의 속량을 바라는 모든 사람에게 그에 대하여 말하니라(눅 2:38).

목자들이 앞에서 그랬던 것처럼 안나 역시 보고 들은 모든 것에 대한 증인이 되었다. 이는 그녀의 영적인 지각 능력의 최고 정점이었다. 안나는 그분에 관해 말하였다!

당신도 이와 같이 하는가? 당신은 예수 그리스도에 대한 증인인가? 당신이 그분을 안다면 당신은 당연히 그렇게 해야 한다.

하나님의 구원을 기다리고 있던 사람들이 누구인지 안나가 미리 알지 못했다면 그들에게 예수님에 관해 결코 말할 수 없었을 것이다. 그녀는 그녀의 모든 시간을 성전에서 보냈음에도 불구하고 스스로 세상을 멀리하는 사람이 아니었다. 안나는 주변의 사람들에게 관심이 있었다. 그리고 그녀는 그 사람들의 깊은 영적 갈망들을 인식할 정도로 충분히 그들을 알았다. 그녀의 이러한 특징 때문에 하나님은 예수님에 관해서 사람들에게 말하도록 안나를 사용하셨다.

하나님은 오늘날에도 안나와 같은 종을 필요로 하신다. 당신이 예수님을 아는 것으로부터 오는 모든 기쁨을 누리며 성탄절을 기대하고 있는 동안에 당신 주변에는 여전히 그분을 전혀 모를 뿐만 아니라 성탄절이 영적으로 얼마나 중요한지를 놓치고 있는 사람들이 있다는 것을 잊지 마라.

또한 성탄절에도 여전히 일에 붙잡혀 있는 사람들이 있다는 것을 잊지 마라.

어떤 사람들은 성탄절에 쇼핑을 하며 점점 더 들뜨지만 내적으로는 점점 더 공허함을 느낀다. 이외에도 최근에 자신의 남편을 잃은 과부 혹은 자식을 잃은 부모들이 있다. 그들은 예수님을 모르기에 진정한 기쁨이나 위로를 누리지 못한다. 그리고 우리 사회에는 외로운 사람들, 상심한 사람들, 좌절한 사람들, 환멸을 느끼는 사람들, 버려진 사람들이 있다. 그들 역시 모두 더 나은 무언가를 갈망하지만 그것이 정확히 무엇인지 알지 못한다.

그러한 사람들에게 있어서 성탄절은 기쁨이 없는 유쾌함이고, 영혼의 내적 광채가 없는 현란함이며, 영원한 만족이 없는 열광이다.

그들 모두는 예수 그리스도를 절실하게 필요로 한다. 그러나 그전에 예수 그리스도가 어떻게 그들이 가진 갈망에 대한 해답이 되시는지를 알려 줄 사람이 필요하다. 그들이 당신과 영적인 갈망을 공유할 정도로 충분히 친밀하지 않다면 당신은 결코 그들을 예수 그리스도께로 이끌지 못할 것이다.

당신은 예수 그리스도와 그분의 속량에 관하여 말해야 한다. 안나는 속량을 기다리는 사람들을 알았을 뿐만 아니라 또한 그들에게 예수님에 관하여 말하였다. 안나는 예루살렘에서 예수님을 증거한 첫 번째 위대한 증인이었다.

예수 그리스도의 삶이 대위임령과 함께 시작하고 끝난다는 것이 흥미롭지 않은가?

> 그러므로 너희는 가서 모든 민족을 제자로 삼아 아버지와 아들과 성령의 이름으로 세례를 베풀고 내가 너희에게 분부한 모든 것을 가르쳐 지키게 하라 볼지어다 내가 세상 끝날까지 너희와 항상 함께 있으리라 하시니라(마 28:19-20).

우리가 성탄절이 무엇에 관한 날인지를 진정으로 이해한다면 우리는 이 말씀을 기쁨으로 따를 수 있을 것이다. 하나님은 우리에게 그리고 보잘것없는 사람들에게 자신을 나타내셨고 다른 사람들에게 그분에 관해 말하라는 과업을 주셨다.

## 15장

# 성탄절을 기념하는 방법

누가복음 2:17-20은 성탄절을 기념하는 방법을 말해주고 있다.

> 보고 천사가 자기들에게 이 아기에 대하여 말한 것을 전하니 듣는 자가 다 목자들이 그들에게 말한 것들을 놀랍게 여기되 마리아는 이 모든 말을 마음에 새기어 생각하니라 목자들은 자기들에게 이르던 바와 같이 듣고 본 그 모든 것으로 인하여 하나님께 영광을 돌리고 찬송하며 돌아가니라 (눅 2:17-20).

우리는 어떻게 성탄절을 기념해야 하는가?

이 질문은 아주 중요하다. 성탄절 자체의 중요성 때문만 아니라 아주 많은 사람들이 그날을 어떻게 기념해야 하는

지를 분명하게 알지 못하기 때문이다.

우리는 예수님이 12월 25일에 태어나지 않으셨을 수도 있음을 알고 있다. 그날에 태어나셨다는 실제적인 증거는 아무것도 없다. 그럼에도 불구하고 그날은 그리스도인이든 비그리스도인이든 상관없이 대부분의 사람들이 예수님의 탄생을 기념하는 날이다.

그러나 어떻게 기념하는가?

이것이 문제이다. 그리스도인들이 그리스도의 탄생을 진정으로 기념할 수 있는 방법은 무엇인가? 세상은 그날을 대부분 비그리스도인들의 방법으로 기념하고 있다. 이 사실은 잘못된 방법으로 그날을 기념한 그리스도인들에게도 어느 정도 책임이 있다.

당신은 성탄절을 어떻게 기념하는가?

솔직히 말해서 그리스도인을 포함한 대부분의 사람들이 텔레비전으로 풋볼 경기를 보거나, 집을 장식하거나, 친척과 친구들을 방문하거나, 선물을 사며 성탄절을 보낼 것이다. 그리고 많은 비그리스도인들은 술에 취해서 성탄절을 보낼 것이다. 그들은 성탄절 전날에 일을 마치고 사무실 파티를 시작하여 성탄절이 지난 후에도 심지어는 새해가 된

후에도 술에서 깨어나지 못한다. 물론 이것은 정상이 아니다. 이것은 미친 짓이다.

그러면 비그리스도인과는 다르게 그리스도인은 어떻게 성탄절을 기념해야 하는가?

더 자세히 살펴보기 전에 우리는 성탄절을 보내는 가장 좋은 방법은 먼저 그리스도인이 되는 것임을 짚고 넘어갈 필요가 있다. 다시 말해서 우리가 탄생을 기념하고 있는 예수님을 따라가는 자가 되는 것이다.

또한 성탄절은 왜 예수님이 오셨는가에 대한 온전한 이해와 함께해야 한다. 성경은 우리에게 예수님의 탄생이 그 어떤 탄생과도 같지 않다고 말한다. 예수님은 태어나시기 전에 삼위의 한 분으로 계시다가 탄생으로써 사람이 되셨기 때문이다. 예수님이 사람이 되신 것은 겨울마다 세상의 아이들을 위한 어떤 감상적인 이야기를 제공하시기 위해서가 아니다. 또한 위대한 뮤지컬의 주제가 되시기 위해서도 아니다.

예수님은 구원의 통로가 되시려고 그리고 우리의 죄를 위해 대신 죽으시려고 사람이 되셨다. 예수님은 우리의 구세주가 되기 위해서 태어나셨다.

한 캐럴송은 이렇게 노래한다.

> 선한 성도들이여
> 마음과 영혼과 목소리로 기뻐하라
> 이제 당신들은 죽음을 두려워할 필요가 없네
> 예수 그리스도가 구원하기 위해 태어나셨네
> 당신 한 사람과 당신들 모두를 부르심으로
> 그분의 영원한 집을 얻게 하네
> 그리스도가 구원하기 위해 태어나셨네
> 그리스도가 구원하기 위해 태어나셨네.

모든 사람들은 정확히 세 가지 명제를 통해 성탄절을 이해할 수 있다.

첫째, 나는 죄인이다.

둘째, 죄인이기에 나는 구원자가 필요하다.

셋째, 예수님이 바로 그 구원자이시다.

세 명제면 된다! 그러므로 성탄절을 보내는 가장 좋은 방법은 예수님을 당신의 구원자로 믿는 것이다. 아직까지 당신이 예수님을 한 번도 믿은 적이 없다면 성탄절은 그분을 믿기에 아주 좋은 시기이다.

반면에 당신이 예수님을 믿는 그리스도인이라면 성탄절

을 잘 보내기 위해 그 믿음 위에 무엇을 더할 수 있는가?

이 시점에서 다시 누가복음으로 돌아가기 원한다. 누가복음은 첫 번째 성탄절을 목격했던 사람들이 그것을 어떻게 기념하고 있는지를 정확하게 보여주기 때문이다.

> 보고 천사가 자기들에게 이 아기에 대하여 말한 것을 전하니 듣는 자가 다 목자들이 그들에게 말한 것들을 놀랍게 여기되 마리아는 이 모든 말을 마음에 새기어 생각하니라 목자들은 자기들에게 이르던 바와 같이 듣고 본 그 모든 것으로 인하여 하나님께 영광을 돌리고 찬송하며 돌아가니라 (눅 2:17-20).

이 누가복음의 말씀은 다음과 같은 성탄절 기념 방법을 우리에게 제안한다.

첫째, 성탄절에 관해 다른 이들에게 말하는 것이다.

둘째, 성탄절 그 자체를 놀라워 하는 것이다.

셋째, 성탄절에 대해 깊이 생각하는 것이다.

넷째, 하나님을 영화롭게 하고 찬양하는 것이다.

## 복음

첫째, 성탄절에 관해 다른 이들에게 말하는 것이다.

우리는 목자들이 베들레헴으로 와서 아기 예수님을 본 후에 다음과 같이 행동한 것을 보았다.

> 보고 천사가 자기들에게 이 아기에 대하여 말한 것을 전하니
> (눅 2:17).

목자들은 그 사건의 증인이 되었다. 그들이 증인이 된 이유는 그것이 엄청난 사건이었고 다른 사람들이 그 사건에 관해 꼭 들어야 할 필요가 있었다는 것을 의미한다.

목자들이 말할 가치가 없는 사건의 증인이 되었다고 할 수 있는가? 그럴 수 없다. 그들의 이야기가 말할 가치가 없다면 지금까지 우리가 아는 모든 관련된 이야기도 말할 가치가 없게 된다.

목자들에게 과연 무슨 일이 일어났던 것인가? 목자들은 한밤중에 베들레헴 들판에서 그들이 늘 해온 것처럼 그리고 그들의 조상들이 앞서서 늘 그렇게 했던 것처럼 양들을 돌보고 있었다. 목자들은 영적인 것이나 기적에 관해서는

생각조차 하고 있지 않았다. 그러나 그때 갑자기 한 천사가 나타나서 메시지를 전하였다.

> 무서워하지 말라 보라 내가 온 백성에게 미칠 큰 기쁨의 좋은 소식을 너희에게 전하노라 오늘 다윗의 동네에 너희를 위하여 구주가 나셨으니 곧 그리스도 주시니라(눅 2:10-11).

천사가 이 말을 전한 후에 수많은 천군과 천사들이 나타나 하나님을 찬양한다.

> 지극히 높은 곳에서는 하나님께 영광이요 땅에서는 하나님이 기뻐하신 사람들 중에 평화로다(눅 2:14).

이를 듣고 목자들은 베들레헴으로 가기로 결정하였다. 그래서 목자들은 그들의 양떼를 두고 베들레헴으로 와서 천사가 알려준 대로 아기 예수님을 찾았다. 그들이 들었던 것이 그들이 경험한 바와 일치하였으므로 목자들은 그 사실에 관해서 말하지 않고는 견딜 수 없었다.

그들은 가난한 목자에 불과했지만 성육신하신 하나님을 보았다. 그들은 천상의 음악을 들었다. 그들은 천사들을 보았고 그 천사들의 왕에게 경배하러 왔다.

어떻게 그러한 음악을 듣고도 그들의 입술이 침묵할 수 있었겠는가? 어떻게 그들이 보았던 것에 관해 말하기를 거부할 수 있었겠는가?

심지어 목자들은 세상이 그들의 메시지를 정말로 들어야 할 필요가 있다는 것을 알았다. 목자들이 살던 세상은 정말로 암울했다. 많은 사람들이 길을 잃고 혼란 가운데 죽어가고 있었다. 영적인 의미에서도 사람들은 어디로 가야할 지를 몰랐기 때문에 길을 잃었다. 계시와 진리에 대한 깨달음이 없었기 때문에 혼란 가운데 있었다. 대다수의 사람들이 무엇을 위해 살아야 할지 정확히 알지 못했다. 목자들이 살던 세상은 참된 지식과 문화가 점차 사라져가고 있는 우리의 세상과 많이 닮은 세상이었다.

그러나 그렇게 죽어가는 세상 이면에는 예수님이 계셨다. 예수님은 세상의 상태에 대한 정확한 진단과 함께 자신을 나타내셨다.

예수님은 세상이 길을 잃었기에 자신을 "길"이라고 표현하셨다. 또한 예수님은 세상이 지독한 혼란 속에 있었기에 자신을 "진리"라고 표현하셨다. 그리고 예수님은 세상이 죽어가고 있었기에 자신을 "생명"이라고 표현하셨다.

길! 진리! 생명! 목자들은 그들이 아는 한에서 다른 사람들에게 메시지를 가져다 주었다. 이것은 정말로 완벽한 조합이다. 복음을 아는 사람과 그것을 들어야 하는 사람!

이 조합이 진정으로 이해가 되고 납득이 되면 그 사람은 누군가에게 반드시 증거하게 된다.

누가 이 목자들이 그러한 메시지를 전할 자격이 없다고 말할 수 있겠는가? 그들은 교육받지 못하였다고 주장할 것인가? 아니면 그들은 자격증을 받지 못했다고 주장할 것인가? 누군가가 그런 식으로 주장한다면 그 사람은 하나님이 직접 나타내신 복음을 소유하였다는 점에서 목자들이야말로 가장 중요한 자격을 갖추었음을 깨달아야 한다.

복음을 아는 누구든지 그것을 말할 자격이 있다. 특히 그것이 다른 사람들의 구원과 관련된 소식일 때에는 더욱 그렇다.

성경은 다음과 같이 말한다.

> 성령과 신부가 말씀하시기를 오라 하시는도다 듣는 자도 오라 할 것이요 목마른 자도 올 것이요 또 원하는 자는 값 없이 생명수를 받으라 하시더라(계 22:17).

복음을 선포하는데 있어서 유일하고 궁극적인 요소는 복음을 아는 지식이다. 그러므로 예수 그리스도를 알고 그리스도인이 된 모든 사람들은 그분에 관해 다른 이들에게 말할 수 있다.

이것이 성탄절을 기념하는 주된 첫 번째 방법이다. 목자들이 했던 것처럼 예수님에 관하여 전하라.

## 놀라움

둘째, 성탄절 그 자체를 놀라워 하는 것이다. 이 방법은 누가복음 2:18이 제안하고 있다.

> 듣는 자가 다 목자들이 그들에게 말한 것들을 놀랍게 여기되
> (눅 2:18).

놀라움에는 두 가지 종류가 있다.

하나는 흔치 않은 것에 대해 단순히 감탄하는 놀라움이다. 흔치 않은 어떤 것에 일시적으로 매혹되는 것을 가리켜 "7일의 감탄"(a seven-day wonder)이라고 부른다. 그러한 감탄

은 시간이 지나면 다시 느껴지지 않는다.

또 다른 하나는 인간의 이해를 넘어서는 하나님의 행동에 대해 감탄하는 거룩한 놀라움이다. 이는 사실 (정확하게 일치하지는 않지만) 경외심에 가깝다고 볼 수 있다.

어떤 의미에서 하나님의 모든 행위는 그러한 놀라움을 유발하는 근거라 할 수 있다. 창세기 1장으로 가면 하나님이 지금 우리가 알고 있는 세상을 만드시기 전의 지구에 대한 묘사를 볼 수 있다.

> 땅은 혼돈하고 공허하며 흑암이 깊음 위에 있고 하나님의 영은 수면 위에 운행하시니라(창 1:2).

이것이야말로 놀라움의 근원이 아닌가! 그 다음에 그 어둠으로부터 하나님은 생명과 질서를 불러 일으키신다.

이 그림으로부터 성경의 마지막 장으로 옮겨가면 높임을 받으신 예수 그리스도와 모든 창조 질서들이 그분께 경의를 표하는 것을 볼 수 있다. 이것 또한 놀라움을 유발한다. 인류에게 하나님이 하신 일은 처음부터 마지막까지 놀라움의 연속이다. 그러나 그러한 모든 일들 중에 우리에게 가장 큰 놀라움을 불러일으키는 것은 바로 하나님의 아들이신 예수 그리스도의 성육신이다. 하나님이 사람이 되셨다! 신이 인간의 육신을 입으셨다! 어떻게 그럴 수 있는가? 우리는 그것을 이해할 수 없다. 그러나 그것은 분명한 사실이며 우리는 그것에 놀라워 한다.

성탄절을 기념하기 원하는가? 그렇다면 먼저 놀라워하라. 당신의 생각을 확장하라.

이것이 내가 아이들이 놀라는 것이 성탄절과 잘 어울린다고 믿는 이유이다. 물론 아이들이 놀라는 것이 모두 그리스도인으로서 놀라는 것은 아니다. 아이들 모두가 성탄절 아침에 선물과 성탄 트리 앞에서 하나님과 예수님을 생각하는 것은 아니다. 그렇다고 해도 아이들이 놀라는 것은 잘못된 것은 아니다. 우리가 성탄절 이야기를 부분적이라도 이해한다면 우리의 놀라움은 그 아이들의 놀라움과 닮아야 한다.

여기서 교훈은 상호보완적이 되어야 한다. 아이들은 우리를 통하여 예수님이 누구이신지와 성탄절에 관한 모든 것을 배워야 한다. 또한 아이들은 그분을 사랑하고 섬기는 법을 배워야 한다. 그리고 우리 또한 아이들로부터 성육신에 대해 놀라워하는 법을 배워야 한다.

## 깊이 생각하기

셋째, 성탄절에 대해 깊이 생각하는 것이다. 성경은 다음과 같이 말한다.

> 마리아는 이 모든 말을 마음에 새기어 생각하니라(눅 2:19).

깊이 생각하는 것은 당연히 놀라움과 연관되어 있다. 깊이 생각하는 것은 사실 놀라움으로부터 시작한다. 그러나 깊이 생각하는 것은 신비를 이해하고 밝혀내려는 시도로서 놀라움을 넘어선다. 또한 깊이 생각하는 것은 수면 밑으로 들어감을 암시한다. 이는 하나님의 마음과 의도 속으로 들어가려는 노력을 포함한다.

성탄절 동안 하나님에 관해 아는 것을 깊이 생각하고 하나님의 방식을 더 이해하려고 노력하라.

깊이 생각하는 것은 일이다. 이는 단순히 가볍게 생각하거나 경건한 생각의 형식 속으로 들어가는 것을 의미하지 않는다. 깊이 생각하는 것은 아는 것을 취하여 생각하는 일을 함으로써 그것을 더욱 발전시키려는 시도이다.

예수님의 어머니인 마리아를 살펴보자. 깊이 생각하는 것은 마리아의 기억을 포함하고 있다. 그녀는 목자들이 전한 말을 마음에 "새기어" 생각했기 때문이다.

그리고 깊이 생각하는 것은 마리아의 애정을 포함하고 있다. 그녀는 목자들이 전한 말을 "마음에" 새기어 생각했기 때문이다.

또한 깊이 생각하는 것은 마리아의 지성을 포함하고 있다. 그녀는 목자들이 전한 말을 마음에 새기어 "생각"했기 때문이다.

당신은 그리스도인으로서 이처럼 깊이 생각할 수 있는가? 당연히 당신은 할 수 있다. 당신은 기억할 수 있다. 당신은 하나님의 일이 현실로 다가온 순간을 기억할 수 있다. 또한 당신은 애정을 가질 수 있다. 사랑의 주님이신 예수님에 대한 애정이 식는 것은 너무나도 슬픈 일이다. 그리고 당신은 지성을 발휘해 생각함으로써 하나님이 스스로에 관하여 더 많은 것을 가르치시도록 할 수 있다.

분명한 것은 하나님의 말씀에 관해 깊이 생각하는 시간이 이런저런 이유로 빼앗기고 있다면 우리의 시간은 잘못 소비되고 있다는 것이다.

## 찬송과 영광

넷째, 하나님을 영화롭게 하고 찬양하는 것이다.

> 목자들은 자기들에게 이르던 바와 같이 듣고 본 그 모든 것으로 인하여 하나님께 영광을 돌리고 찬송하며 돌아가니라 (눅 2:20).

이것은 말과 노래로 하나님을 예배함을 뜻한다.

나는 "영광" 또는 "영화롭게 하다"라는 말을 좋아한다. 이것은 위대한 헬라어 단어이다.

오래 전 헬라어가 만들어질 당시, 영광이라는 말은 "의견을 가지다"라는 뜻의 단어로부터 유래하였다. 이후에 영광이라는 말은 "좋은 의견을 가지다"라는 의미를 가지게 되었다. 그리고 점차 이 뜻이 확대되면서 어떤 사람의 진정한 "가치"라는 의미를 가지게 되었다. 이 말의 명사형은 "독사" (δοξα)이다. 이는 현대 영어에서 쓰이는 "바른 의견"(orthodox), "잘못된 의견"(heterodox) 그리고 "모순적인 의견"(paradox)이라는 단어들의 어원이기도 하다.

한 사람의 진정한 가치를 인정할 때 그에 관해 적절한 의견을 표현하는 것은 곧 영광을 돌린다는 의미가 될 수 있다. 이것이 우리가 하나님께 영광을 돌린다고 말하는 이유이다.

하나님의 진정한 가치를 인정하는 것이 예배의 궁극적인 의미이기 때문에 하나님께 영광을 돌린다는 것은 곧 말로써 그분을 예배한다는 것이다. 이러한 의미에서 말로써 하나님에 관해 바른 의견을 표현하는 것을 "송영"(doxology)라고 한다.

이것이 바로 목자들이 한 것이다. 우리는 그들을 본받아야 한다. 당신은 하나님의 속성들을 나열함으로써 하나님께 영광을 돌릴 수 있다. 그 속성들은 어떤 것인가?

그리스도의 탄생 그 자체가 우리에게 하나님의 사랑을 가르쳐준다. 하나님은 우리를 위해 죽기 위하여 사람이 되실 정도로 우리를 사랑하셨기 때문이다. 그리스도의 탄생은 또한 우리에게 하나님의 능력을 가르쳐준다. 성육신은 오직 하나님만이 하실 수 있는 것이다. 이것은 우리의 능력으로는 상상조차 할 수 없는 것이다. 그리고 그리스도의 탄생은 하나님의 지혜를 가르쳐준다. 이외에도 그리스도의 탄생은 미천한 것들을 사용하시고, 낮은 자들을 높이시며,

교만한 자들을 복종시키는 하나님의 섭리와 그분의 자비, 은혜를 가르쳐준다. 당신은 하나님과 다른 사람들 앞에서 이러한 속성들을 고백한 적이 있는가?

당신은 찬양으로 고백할 수 있다. 하나님을 찬양하는 것은 본래 하나님을 영화롭게 하는 행위이다. 음악은 아주 자연스럽게 이 역할을 감당한다. 이러한 점에서 캐럴은 성탄절의 의미를 이해하는 사람에게 그 어떤 것보다 훌륭한 찬양의 수단이 될 수 있다.

> 천사 찬송하기를 거룩하신 구주께
> 영광 돌려보내세(새찬송가 126장).

> 기쁘다 구주 오셨네(새찬송가 115장).

> 참 반가운 성도여 다 이리와서
> 베들레헴 성 안에 가봅시다
> 저 구유에 누이신 아기를 보고
> 엎드려 절하세 엎드려 절하세
> 엎드려 절하세 구주 나셨네(새찬송가 122장).

## 하나님의 영광

지금까지 살펴본 성탄절을 기념하는 네 가지 방법을 실천에 옮기기를 원한다면 나는 당신이 누가복음 2:17 보다는 누가복음 2:18-20과 함께 시작하기를 제안한다.

> 보고 천사가 자기들에게 이 아기에 대하여 말한 것을 전하니 (눅 2:17).

> 듣는 자가 다 목자들이 그들에게 말한 것들을 놀랍게 여기되 마리아는 이 모든 말을 마음에 새기어 생각하니라 목자들은 자기들에게 이르던 바와 같이 듣고 본 그 모든 것으로 인하여 하나님께 영광을 돌리고 찬송하며 돌아가니라 (눅 2:18-20).

누가복음 2:17은 우리가 보고 들은 것을 다른 사람들에게 전하라고 말한다. 그러나 우리는 먼저 그리스도의 탄생에 놀라고, 그것의 의미를 깊이 생각하며, 그로 인하여 하나님께 영광과 찬양을 올려드릴 필요가 있다. 그전에는 사실 다른 사람들에게 효과적으로 전하는 것이 거의 불가능하다. 당신이 먼저 느끼고 경험하지 않는다면 그것을 분명하게 말할 수 없다.

더 이상 죄로 인해 정죄 받지 않게 되었고, 하나님이 구원의 소망이 없던 당신을 믿음 가운데로 부르셨으며, 하나님의 자녀가 되었고, 그분의 사랑 안에서 안전하다는 사실에 먼저 놀라워하라. 그리고 나서 그 사실들에 관하여 생각하라. 성육신, 속죄, 은혜, 성화, 천국, 견인과 같은 기독교 신앙의 위대한 교리들을 깊이 생각하게 되면 당신은 그로 인하여 더 강력하게 성장할 것이다. 그리고 당신이 아는 것을 통하여 하나님께 영광과 찬양을 올려드려라. 하나님을 찬양하라. 당신이 이 모든 것을 먼저 경험하여 말할 자격을 갖춘 후에 가서 다른 사람들에게 말하라.

교회로 돌아가서 말해야 한다고는 생각조차 하지 마라. 그보다는 당신의 가정, 학교, 직장과 같이 하나님이 당신에게 허락하신 곳의 사람들에게 말하라.

이것이 바로 목자들이 한 일이다. 우리는 목자들이 "돌아가서" 하나님을 영화롭게 하고 찬양하였음을 보았다. 목자들은 어디로 돌아갔는가? 분명히 그들의 양들에게로 돌아갔을 것이다. 목자들은 처음 천사들의 찬양을 들었던 곳에서 이제는 자신들이 하나님을 찬양하고자 했기 때문이다.

당신에게도 이와 같은 하나님의 은혜가 있기를 바란다. 당신과 나 그리고 하나님의 이름을 부르는 모든 사람들이 하나님을 찬양한다면 전 세계는 분명히 그분에 대한 찬양으로 가득하게 될 것이다.

# 16장

# 말할 수 없는 선물

    우리가 성탄절의 선물을 명확하게 설명하지 못하는 몇 가지 이유가 있다. 말로써 표현하려 할때 우리는 종종 감정에 사로잡혀 "그 말들이 우리를 넘어지게 할 수도 있다." 또한 선물을 제대로 알아보지 못할 수도 있다. 우리는 선물 상자를 연 다음에 "너무 좋아요. 내가 원했던 것이에요. 그런데 뭐죠?"라고 말할 수도 있다. 그리고 우리는 심지어 선물에 대해 언급조차 하지 않을 정도로 선물 그 자체에는 관심을 두지 않을 수도 있다.

    그러나 우리가 실패했다고 해서 그 누구도 설명할 수 없는 것은 아니다. 언제나 어딘가에는 우리가 하지 못한 것을 할 수 있는 다른 누군가가 있기 때문이다. 선물을 판 사람은 그 선물을 설명할 수 있을 것이다. 또 선물의 제조업자도 할 수 있을 것이다. 선물이 크거나 잘 알려진 선물이라면 다른 많은 사람들도 그 선물에 대해 설명할 수 있을 것이다.

오래 전에 배우 리처드 버튼(Richard barton)은 엘리자베스 테일러(Elizabeth Taylor)에게 (왕을 제외하고는) 누구도 갖지 못했던 가장 큰 다이아몬드를 주었다. 이것은 수백만 달러에 달하는 최상급의 선물이었다. 그러나 그것은 말로 표현할 수 없는 선물은 아니었다! 얼마 안 있어 그 다이아몬드에 대한 설명이 모든 신문에 실려 거의 모든 사람들이 그것의 크기, 색깔, 모양, 무게 그리고 가격까지 알게 되었다.

무엇이 어떤 선물을 말로 설명할 수 없게 만들 수 있을까? 인간이 주고 받는 모든 선물은 말로 설명할 수 있다고 한다면 말로 설명할 수 없는 선물은 인간의 한계를 넘어서는 것임이 분명하다.

그렇다면 말로 설명할 수 없는 선물은 하나님께로부터의 무언가가 섞여 있어야 한다. 그리고 이것이 정확히 고린도후서 9:15을 기록할 때 바울이 생각하고 있었던 것이다. 바울은 고린도 사람들이 예루살렘에 있는 가난한 사람들에게 준 아주 인간적인 선물들을 생각하고 있었다. 받은 자들이 그 선물을 인해 하나님께 감사를 드리게 되었다. 그리고 바울은 하나님이 주신 은혜를 언급함으로써 결말을 맺는다.

> 말할 수 없는 그의 은사로 말미암아 하나님께 감사하노라
> (고후 9:15).

NIV성경에 따르면 이 구절은 겨우 여덟 개의 단어로 이루어졌지만 사실 이 구절은 단어의 수 이상의 큰 의미를 가리키고 있다. 이 구절은 우리를 세상의 어떤 왕보다 더 부요하게 만들고 지구 상의 어떤 통치자보다 더 행복하게 만들어줄 선물을 가리키고 있다.

## 우리와 함께 하시는 하나님

바울이 예수님을 하나님의 "말할 수 없는 은사(선물)"라고 언급한 것은 단지 말장난을 하거나 최상급을 잘못 사용한 것이 아니다. 그는 그 말이 명백한 진리이며 우리에게도 진리라는 것을 말하고 있는 것이다. 누가 그리스도 안에서 하나님이 주시는 구원의 선물을 표현할 수 있었는가?

몇몇의 화가들이 시도한 적이 있었다. 세상에서 가장 아름다운 그림들 중 일부는 예수님의 가족, 마리아와 아기 예수님에 관한 그림이다. 라파엘의 "성모 마리아"나 프라 필리포 리피의 "그리스도의 탄생"이라는 그림을 볼 때면 나는 내 영혼이 비상하는 것을 느낀다.

그러나 나는 라파엘이나 프라 필리포 리피의 작품들이 아무리 아름다울지라도 그들이 그리는 대상에 적합하지 않다는 것을 안다. 그리고 화가들도 역시 그러한 시도의 한계를 깨달았다.

음악가들도 그리스도의 오심을 설명하려고 시도한 적이 있다. 역사를 통틀어 그 어떤 시도도 "할렐루야 코러스"가 포함된 헨델의 메시아와 바흐의 성탄절 오라토리오보다 더 웅장하게 그리스도의 오심을 표현하지 못했다. 그러나 이러한 곡들이 영광스러운 것은 사실이나 그 곡들이 베들레헴 들판 위에 울려 퍼진 천사들의 합창에는 비할 수 없음은 분명하다. 또한 요한계시록에 기록된 구원받은 자들이 찬양하는 완전한 합창은 말할 필요도 없을 것이다. 그러나 요한계시록의 합창조차도 하나님의 선물을 설명하기에는 부족하다.

하나님의 선물을 묘사하기 위해서는 합창하는 자들이 다음과 같이 노래를 아침저녁으로 계속하며 멈추지 말아야 한다.

> 내가 또 들으니 하늘 위에와 땅 아래와 바다 위에와 또 그 가운데 모든 피조물들이 이르되 보좌에 앉으신 이와 어린 양에게 찬송과 존귀와 영광과 권능을 세세토록 돌릴지어다 하니 네 생물이 이르되 아멘 하고 장로들은 엎드려 경배하더라(계 5:13-14).

시인들이 하나님의 선물을 완벽하게 설명한 적이 있는가? 분명히 아니다. 존 밀턴은 이렇게 기록했다.

> 눈에 보이는 모든 경이들을 환영하라
> 영원이 한 뼘의 시간 안에 깃들고
> 여름이 겨울 안에 깃들고
> 하늘이 땅 아래에 깃들고
> 그리고 하나님이 사람 안에 깃드시네.
>
> 복된 작은 자여 모든 것을 가지고
> 태어나셔서 땅을 하늘로 올리시고
> 하늘을 땅으로 낮추시네.

나는 이 한 구절의 시보다 더 좋은 신학과 단어로 이루어진 시를 보지 못했다. 그러나 이러한 시 또한 하나님의 선물을 완벽하게 설명하기에는 부족하다.

왜 하나님의 선물은 어떠한 설명도 허용하지 않는가? 여기에는 몇 가지 이유가 있다.

첫째, 하나님의 선물은 그 자체의 본질 때문에 말로 설명할 수 없다. 하나님의 선물은 바로 예수 그리스도이시다. 그래서 이 선물을 완전히 설명하고자 한다면 우리는 먼저 예수 그리스도가 누구이시며 우리의 구원을 위하여 그분이 무엇을 하셨는지를 완전하게 설명할 수 있어야 한다.

무엇보다도 예수 그리스도가 누구이신지를 설명하는데 있어서의 어려움을 생각해보라. 예수 그리스도는 스스로를 성부 하나님과 하나라고 설명하셨고 성경은 모든 곳에서 그 사실에 대하여 증언하고 있다. 심지어 "예수"라는 그분의 이름조차도 "여호와가 구원하신다"라는 뜻을 가지고 있다. 그리고 임마누엘은 "하나님이 우리와 함께 계시다"라는 뜻을 가지고 있다.

예수 그리스도가 하나님이시라면 하나님 자체가 말로 설명할 수 없는 분이시기 때문에 우리는 그분을 온전히 설명할 수 없다. 우리는 하나님이 근원 자체가 없으시고 인간이 탐구할 수 있는 모든 범위를 넘어서는 자존하시는 분이시라는 말이 무슨 뜻인지 설명할 수 있는가? 우리는 하나님이 어느 누구도 필요로 하지 않는 자족하시는 분이시라는 말이 무슨 뜻인지 설명할 수 있는가?

우리는 웨스트민스터 소요리문답이 진술하는 것처럼 하나님은 영이시며, "무한하시고, 영원하시고, 변하지 않으신다"는 말이 무슨 뜻인지 온전하게 설명할 수 있는가?

이러한 말들은 우리의 한계를 넘어설 뿐만 아니라 말하기가 조심스럽지만 심지어 하나님조차도 평범한 인간인 우리에게는 자신을 완전히 설명할 수 없으시다. 모세가 하나님께 하나님을 누구라고 말해야 하는지를 물었을 때 하나님은 다음과 같이 대답하셨다.

> 나는 스스로 있는 자이니라 또 이르시되 너는 이스라엘 자손에게 이같이 이르기를 스스로 있는 자가 나를 너희에게 보내셨다 하라(출 3:14).

하나님을 설명하려고 시도할 때 우리는 또 다른 문제를 갖게 된다. 우리는 삼위일체를 분명하게 설명할 수 없다.

예수 그리스도는 스스로를 하나님이라고 선언하셨지만 동시에 성부 하나님에 관해 말씀하시고 그분께 기도하셨다. 그래서 삼위일체 안에는 위격의 구분이 있다는 것을 나타내셨다. 우리는 그것을 어떻게 다룰 수 있는가? 우리는 심지어 삼위일체가 의미하는 것을 설명하고자 할 때 적절한 단어를 찾아내는 일에 어려움을 겪는다.

교회가 최종적으로 "동일한 세 위격으로 존재하시는 한 하나님"이라는 공식을 승인하기까지 예수 그리스도의 죽음부터 콘스탄티노플 공의회(주후 381년)까지 300년 이상이 걸렸다. 그러나 그것은 단지 잘못된 진술을 막기 위함이였고 삼위일체의 의미를 철저히 파헤치지는 못했다.

또한 예수 그리스도는 하나님이실 뿐만 아니라 인간이시기도 하다. 그러므로 우리는 성육신 역시 적절하게 설명할 수 없다. 삼위일체에 대한 수많은 오해와 오류로부터 벗어나게 한 공식은 주후 381년의 콘스탄티노플 공의회에서 나왔다. 그러나 예수 그리스도의 이중적인 본질을 설명하기 위한 공식을 만들어낸 것은 80년이 더 지난 칼케돈 공의회(주후 451년) 때였다.

칼케돈 신조의 내용은 다음과 같다.

그리스도는 완벽한 신성과 인성을 갖고 계신다. 그는 참 하나님이실 뿐만 아니라 참 인간으로, 이성적인 영혼과 육체를 갖고 계신다. 신성에 있어서는 성부 하나님과 동일본질이시며, 인성에 있어서는 우리와 동일본질이시다. 모든 것이 우리와 같으시나 죄는 없으시다. 신성에 있어서는 성부 하나님께로부터 만세 전부터 나셨으며, 인성에 있어서는 이 날에 우리와 구원을 위하여 동정녀 마리아로부터 나셨다. 한 분이신 그리스도, 성자, 주님, 독생자는 두 본성으로 인정되셨으니 그 두 본성은 혼합 없이, 변화 없이, 분열 없이, 분리 없이 존재한다. 본성의 구분은 연합의 분리가 아니라 오히려 각각의 그 본성들의 속성의 보존을 의미한다.

간단히 말하면, 신조는 "세 위격으로 존재하시는 한 하나님과 한 인격 안에 두 본성으로 존재하시는 예수님"을 말한다. 그러나 이것 또한 하나님의 선물을 적절하게 설명하지 못한다. 이는 단지 우리가 그분에 관하여 생각할 때 생기는 오류로부터 우리를 지켜줄 뿐이다.

심지어 이것이 하나님의 선물을 설명하려고 할 때 부딪치는 문제의 전부도 아니다. 선물은 우리가 논의해 온 예수 그리스도가 누구이신지뿐만 아니라 그분이 하신 일이 무엇인지로 구성된다. 예수 그리스도는 십자가에서 희생 제물이 되심으로 우리에게 구원을 제공하시기 위해서 오셨다. 하나님은 우리에게 그것을 이해하는 용어들을 주셨다. 우리는 희생 제물, 대속, 속죄, 화해와 같은 단어들을 가진다.

예수 그리스도는 어떻게 화해를 성취하셨는가? 십자가상에서 버려짐으로 인한 그분의 부르짖음을 들어보라.

> 제구시쯤에 예수께서 크게 소리 질러 이르시되 엘리 엘리 라마 사박다니 하시니 이는 곧 나의 하나님, 나의 하나님, 어찌하여 나를 버리셨나이까 하는 뜻이라(마 27:46).

이 부르짖음은 무엇을 의미하는가? 하나님이 실제로 그분을 버리셨는가? 신성 안에 일종의 일시적인 구분이 있는가? 아니면 예수 그리스도의 죽음으로부터 구원되기보다는 죽음으로까지 드려졌다는 의미에서 버려졌다는 것인가?

언젠가 개혁주의 신학에 관한 필라델피아 컨퍼런스의 질의응답 시간에 한 사람이 이러한 질문을 하였고 컨퍼런스에 참여한 많은 발표자들이 답변을 주었다.

첫 번째 발표자는 이를 심각하게 받아들이지 않고 별 다른 말을 하지 않았다. 다음이 내 차례였다. 나는 비록 어떻게 그것이 가능한지는 설명할 수는 없지만 성부 하나님이 그 순간에 성자 예수님으로부터 등을 돌리심으로 우리를 위하여 죄인이 되게 하셨으며 예수님은 영적인 사망을 온전히 경험하셨다고 말했다. 그러나 그때 우리 가운데 가장 저명한 로저 R. 니콜(Roger R. Nicole)은 일어나서 담담하게 "삼위는 결코 나눠질 수 없다"라고 말하였다. 개혁주의 신학이라는 기독교의 한 분야에서 조차도 그리고 대부분의 문제에 관해 세밀하게 연구한 사람들 사이에서 조차도 이러한 부분에 있어서는 이해의 한계가 분명히 존재한다.

예수 그리스도의 본성과 사역은 우리의 이해의 범위 밖에 있으며 그것을 완전하게 설명하는 것 또한 우리의 능력 밖에 있다.

## 우리가 죄인 되었을 때에

둘째, 하나님의 선물은 은혜로 주어졌기 때문에 말로 설명할 수 없다. 우리가 주고 받는 대부분의 선물들은 은혜로 주어지지 않는다. 보통 받는 자에게 어떤 이유가 있을 때 우리는 선물을 준다. 선물을 받는 자는 보통 가족이거나 도움을 준 사람이거나 또는 작년에 나에게 선물을 준 사람들 중 하나일 것이다. 또한 우리는 우리와 아무런 상관도 없지만 육체적 혹은 정신적으로 도움이 필요한 누군가에게도 선물을 준다. 우리는 그들이 우리와 같은 인간이라는 일종의 의무감 때문에 그들에게 선물을 준다. 그러나 하나님은 인간의 일원이 아니시다. 게다가 오히려 인간들은 하나님에 대하여 매우 적대적이다. 우리는 사실 그분의 원수들이다. 성경은 "우리가 아직 죄인 되었을 때에 그리스도께서 우리를 위하여 죽으심으로"(롬 5:8)라고 말한다.

나의 서재에는 프린스턴신학교의 설교학 교수였던 앤드류 W. 블랙우드(Andrew W. Blackwood)가 종교개혁부터 현재까지의 뛰어난 설교들을 엮은 책이 있다. 이 책에서 "Lutheran Hour"라는 프로그램의 주 설교자인 월터 A. 마이어(Walter A. Maier)는 다음과 같이 설교를 했다.

> 그리스도의 위대한 선물은 하나님과 친밀한 사람들이 아닌 죄 가운데에서 하나님을 대적하며 그분께 전쟁을 선포했던 대적자들에게 주어졌습니다. 하나님은 죄의 파괴적인 능력 아래서 고통 당하고 있는 우리에게 "말할 수 없는" 은혜의 선물을 주십니다. 성탄절은 "기쁘다 구주 오셨네"라고 외

치는 선택된 소수에게만 즐거움을 제공하지 않습니다. 우리 모두는 "그리스도가 세상에 오셨다"라는 최고의 진리와 기독교의 가장 고결한 신앙 그리고 확증된 축복 앞에 서게 됩니다. 그리스도가 오신 것은 크고 비싼 교회를 세우시기 위함도 아니고 자신의 추종자들에게 세상적인 힘과 권세를 주시기 위함도 아닙니다. 그분은 죄인을 구원하기 위하여 세상에 오셨습니다. 이것이 바로 천사들이 "죄인들을 구원하기 위하여"라고 찬양하는 이유입니다. 그러므로 사도 바울이 그리스도의 선물을 통해 보여주신 하나님의 자비를 "말할 수 없는"(고후 9:15)이라고 기록한 것은 당연한 일입니다. 이는 인간이 가진 말의 한계를 벗어난 것입니다. 인간이 태양의 섬광을 바라볼 때 자신의 시력을 잃어버리는 것처럼 우리가 의의 태양이신 예수 그리스도의 찬란함에 눈을 들 때 우리는 하나님만이 주실 수 있는 가장 위대한 선물의 광채 앞에 눈이 멀어 버립니다. 그리스도는 우리를 구원하시기 위하여 오셨으며 확증된 축복이십니다! 죄를 회개하고 돌아올 때 더 이상 죄인들이 타락하지 않고 하나님의 선물로 인한 축복을 받도록 그리스도가 오셨습니다. 다시 말해서 우리를 "온전히 구원하시기" 위하여 그리스도가 오셨습니다.[1]

---

1 Walter A. Maier, "Thanks Be unto God for His Unspeakable Gift!" in Andrew Watterson Blackwood, comp., *The Protestant Pulpit: An Anthology of Master Sermons from the Reformation to Our Own Day* (1947; reprint, Grand Rapids: Baker, 1978), 234.

이는 우리가 설명할 수 있는 범위를 넘어서는 선물이다. 게다가 선물이 주어지는 방식 또한 은혜롭고 신비하다. 이 신비를 마주할 때에 이성은 뒷걸음치고, 논리는 실패하며, 웅변은 말을 더듬게 된다.

## 내가 진 빚

셋째, 하나님의 선물은 그것이 가진 효력을 인간이 측량할 수 없기 때문에 말로 설명할 수 없다.

하나님의 선물은 그 선물을 믿는 자들 안에서 모든 것을 성취한다. 하나님의 선물인 예수님을 통하여 우리는 많은 것을 누린다. 예수님으로 인하여 우리가 누리게 되는 것들 중 대표적인 일곱 가지를 살펴보려 한다.

첫 번째, 우리는 예수님으로 인하여 죄의 용서를 받는다. 우리가 하나님에 대해 반역하며 여전히 죄인이었을 때에도 하나님은 우리를 사랑하셨다. 그러나 단순히 사랑만 하시고 그대로 놔두신 것은 아니다. 하나님은 또한 그리스도의 희생을 통하여 우리의 죄를 용서하셨다.

성경은 우리의 죄에 대하여 다음과 같이 말한다.

> 다시 우리를 불쌍히 여기셔서 우리의 죄악을 발로 밟으시고 우리의 모든 죄를 깊은 바다에 던지시리이다(미 7:19).

> 내가 네 허물을 빽빽한 구름 같이, 네 죄를 안개 같이 없이하였으니 너는 내게로 돌아오라 내가 너를 구속하였음이니라(사 44:22).

> 또 그들의 죄와 그들의 불법을 내가 다시 기억하지 아니하리라 하셨으니(히 10:17).

시편에서 다윗은 다음과 같이 말한다.

> 동이 서에서 먼 것 같이 우리의 죄과를 우리에게서 멀리 옮기셨으며(시 103:12).

하나님은 모든 것을 아시지만 이 구절들에 따르면 하나님이 기억하지 못하시는 유일한 것은 예수님이 자신을 위해 죽으셨음을 믿는 자의 죄이다.

우리가 하나님의 선물을 받았다면 우리는 우리의 죄가 계속 떠올라서 우리를 괴롭힐 것을 두려워할 필요가 없다.

두 번째, 우리는 예수님으로 인하여 하나님의 정의 앞에서 의로움을 얻는다. 용서는 부정적인 것이다. 그것은 과거를 망각한다. 칭의는 긍정적인 것이다. 칭의는 우리에게 과거에 가지지 못했고 또한 우리 스스로는 결코 성취할 수 없는 새로운 입지를 가져다준다. 성경은 이를 한 벌의 새로운 옷을 입는 것과 같이 그리스도로 옷 입는 것이라고 말한다. 전에는 우리가 우리 가운데서 더러운 누더기를 입었지만 이제 그것은 벗겨졌고 새로운 의복이 주어졌다.

세 번째, 우리는 예수님으로 인하여 하나님의 가족에 입양된다. 성경은 우리에 대하여 다음과 같이 말한다.

> 그 때에 너희는 그리스도 밖에 있었고 이스라엘 나라 밖의 사람이라 약속의 언약들에 대하여는 외인이요 세상에서 소망이 없고 하나님도 없는 자 이더니(엡 2:12).

> 보라 아버지께서 어떠한 사랑을 우리에게 베푸사 하나님의 자녀라 일컬음을 받게 하셨는가(요일 3:1).

자녀로서 우리는 문제가 있으면 언제라도 하나님께 나아갈 특권을 가진다. 아버지가 아들과 딸을 돌보듯이, 하나님은 우리를 돌보시고 언제나 자신의 큰 지혜를 따라서 우리의 물음에 답해주실 것이다.

네 번째, 우리는 예수님으로 인하여 하나님의 자녀가 되고 그분의 상속자가 된다. 바울은 "자녀이면 또한 상속자 곧 하나님의 상속자요 그리스도와 함께 한 상속자니"(롬 8:17)라고 말한다. "함께 한 상속자"라는 말은 우리가 그리스도와 연합하여 모든 것을 소유하였음을 의미한다. 모든 것! 이는 정말로 놀라운 일이다.

다섯 번째, 우리는 예수님으로 인하여 그분께 영원히 연합될 수 있는 성령의 은사를 가진다. 그 은사는 우리의 몸을 하나님이 거하시는 성전으로 만들어준다.

여섯 번째, 우리는 예수님으로 인하여 현실을 뛰어넘고 모든 인간의 수고를 뛰어넘는 하나님의 평강을 소유한다. 바울은 이것을 "모든 지각에 뛰어난 하나님의 평강"(빌 4:7)이라 부른다. 이는 우리를 쉴 새 없이 덮치는 이 땅의 슬픔 가운데서 너무나도 귀한 축복이다.

일곱 번째, 우리는 예수님으로 인하여 우리를 위해 예비된 하늘의 집을 가진다. 십자가에 달리시기 직전에 예수님은 제자들에게 다음과 같이 말한다.

> 너희는 마음에 근심하지 말라 하나님을 믿으니 또 나를 믿으라 내 아버지 집에 거할 곳이 많도다 그렇지 않으면 너희에게 일렀으리라 내가 너희를 위하여 거처를 예비하러 가노니 가서 너희를 위하여 거처를 예비하면 내가 다시 와서 너희를 내게로 영접하여 나 있는 곳에 너희도 있게 하리라(요 14:1-3).

스코틀랜드 설교가인 로버트 머레이 맥체인(Robert Murray McCheyne)은 하나님의 구원과 다가올 천국의 유익을 음미하기 위하여 지은 찬송을 통해 다음과 같이 말한다.

이 세상을 지나는 것이 끝날 때에
저기 눈부시게 빛나는 태양이 질 때에
우리가 영광 중에 그리스도와 함께 서서
내 삶의 모든 날들을 뒤돌아 볼 때에
주님! 그제야 나는 온전히 알게 되네
내가 얼마나 큰 빚을 졌는지를.
내가 내 것이 아닌 아름다움으로 옷 입고
보좌 앞에 설 때에 내가 당신을 온전히 보고
죄 없는 마음으로 당신을 사랑할 때에
주님! 그제야 나는 온전히 알게 되네
내가 얼마나 큰 빚을 졌는지를.

그러나 내 생각에는 심지어 그때에도 우리는 온전히 알 수 없을 것이다. 그리고 우리는 결코 이 구원을 말로 설명할 수 없을 것이다.

## 선물로 인한 감사

그리스도 안에서 하나님의 선물이 "말할 수 없는" 것임에도 불구하고 우리는 그 선물을 말해야 한다. 우리가 그 선물을 말해야 하는 가장 큰 이유는 그것이 정말로 말로 표현할 수 없을 만큼 귀한 선물이기 때문이다.

우리는 누구에게 그 선물에 대하여 말해야 하는가? 당연히 가장 먼저 하나님께 말해야 한다. 고린도후서 9:15는 단순히 하나님의 선물에 대해서만 말하지 않는다. 이 구절은 그 선물에 대해 하나님께 감사를 말한다.

> 말할 수 없는 그의 은사로 말미암아 하나님께 감사하노라 (고후 9:15).

그분의 위대하신 구원의 선물을 인하여 하나님께 감사를 드린 적이 있는가? 성탄절에 우리는 많은 선물을 주고 받으며 다른 사람들에게 감사를 전한다. 그러나 하나님께는 어떤가? 볼펜, 연필, CD, 옷, 장난감, 비디오 게임과 같은 선물들에 대해서는 감사를 아끼지 않으면서도 말로 표현할 수 없을 만큼 귀한 하나님의 선물에 대해서는 감사를 말하지 않는다면 이보다 더 무례하고 잘못된 일이 있겠는가?

하나님의 선물을 성경이 말한 것처럼 인식한다면 우리도 바울처럼 하나님께 감사를 외쳐야 하는 것이 당연하다. 예수님으로 인하여 하나님께 감사하라! 그리고 우리가 감사를 외칠 때 최고의 감사는 말로만 하는 것이 아님을 잊지 마라. 감사는 행위로도 표현되어야 한다.

당신이 아직까지 구세주이신 예수 그리스도를 인격적으로 영접한 적이 없다면 당신이 가장 먼저 해야 할 행위는 (성탄절 이야기에 나오는 목자들과 동방박사들처럼) 그분을 영접하고 경배하는 것이 되어야 한다. 당신은 하나님이 주신 선물을 취해야 한다. 자신이 자격이 있는지 없는지에 대해서 생각하지 마라. 어차피 당신은 자격이 없고 앞으로도 결코 그 자격을 갖추지 못할 것이다. 그저 그 선물을 취하라.

하나님의 선물이 온전히 당신의 것이 되게 하라. 이 세상의 현명한 사람들이 가지고 있는 것을 모두 팔아서 취하고자 하는 보석이나 값비싼 진주처럼 그 선물을 받으라.

감사는 섬김으로도 표현할 수 있다. 당신보다 가지지 못한 많은 사람들이 있다. 그리스도의 이름으로 그들에게 나아가라. 하나님의 선물이 당신의 나눔을 위한 본이 되게 하라. 하나님의 섬김이 당신의 섬김의 본이 되게 하라.

당신은 하나님의 선물에 대하여 다른 사람들에게도 말해야 한다. 성탄절 이야기 안에서 거의 모든 이들이 하나님의 선물에 관하여 다른 사람들에게 말했다는 것을 주목하라. 동방박사들은 "유대인의 왕으로 나신 이가 어디 계시냐 우리가 동방에서 그의 별을 보고 그에게 경배하러 왔노라"(마 2:2)라고 말했다. 목자들은 "천사가 자기들에게 이 아기에 대하여 말한 것을" 전하였다(눅 2:17). 시므온 "하나님을 찬송"하였다(눅 2:28). 선지자 안나는 "나아와서 하나님께 감사하고 예루살렘의 속량을 바라는 모든 사람에게 그에 대하여" 말하였다(눅 2:38). 하나님의 선물에 대하여 이들이 전한 각각의 이야기들은 정말로 완벽한 조합이다.

하나님께 감사하고 다른 사람들에게 이를 증거하라!

제임스 몽고메리 보이스의
# 성탄절 메시지
*The Christ of Christmas*

2013년 12월 17일 초판 발행
2015년 12월 05일 초판 2쇄 발행

**지은이** | 제임스 몽고메리 보이스
**옮긴이** | 심성민

**편 집** | 박상민, 이학영
**디자인** | 박희경, 전혜영
**펴낸곳** | 개혁주의신학사
**등 록** | 제21-173호(1990. 7. 2)
**주 소** | 서울시 서초구 방배로 68
**전 화** | 02) 588-8546(본사) 031) 942-8761(영업부)
**팩 스** | 02) 523-0131(본사) 031) 942-8763(영업부)
**홈페이지** | www.clcbook.com
**이메일** | prpkor@gmail.com
**온라인** | 기업은행 073-000308-04-020
　　　　　 예금주: 개혁주의신학사

ISBN 978-89-7138-036-9(04230)
　　　 978-89-7138-035-2(세트)

낙장·파본은 교환해 드립니다.

이 도서의 국립중앙도서관 출판시 도서목록(CIP)은
서지정보유통지원시스템 홈페이지(http://seoji.nl.go.kr)와
국가자료공동목록시스(http://www.nl.go.kr/kolicnet)에서